JANGADA

LUÍS DA CÂMARA CASCUDO

JANGADA
Uma pesquisa etnográfica

São Paulo
2002

© Anna Maria Cascudo Barreto e
Fernando Luís da Câmara Cascudo, 2001

2ª EDIÇÃO, 2002
1ª EDIÇÃO GLOBAL EDITORA, 2002

Diretor Editorial
JEFFERSON L. ALVES

Gerente de Produção
FLÁVIO SAMUEL

Assistente Editorial
RODNEI WILLIAM EUGÊNIO

Revisão
ROSALINA SIQUEIRA
MARIA APARECIDA SALMERON

Capa
EDUARDO OKUNO

Ilustrações
VAGNER VARGAS

Editoração Eletrônica
ANTONIO SILVIO LOPES

Dados Internacionais de Catalogação na Publicação (CIP)
(Câmara Brasileira do Livro, SP, Brasil)

Cascudo, Luís da Câmara, 1898-1986.
  Jangada : uma pesquisa etnográfica / Luís da Câmara Cascudo. – 2. ed. – São Paulo : Global, 2002.

  ISBN 85-260-0711-4

  1. Etnologia – Brasil 2. Folclore – Brasil 3. Jangadas I. Título.

02-5111   CDD–305.80072

Índice para catálogo sistemático:

1. Pesquisa etnográfica : Sociologia   305.80072

Direitos Reservados

GLOBAL EDITORA E DISTRIBUIDORA LTDA.

Rua Pirapitingüi, 111 – Liberdade
CEP 01508-020 – São Paulo – SP
Tel.: (11) 3277-7999 – Fax: (11) 3277-8141
E.mail: global@globaleditora.com.br

Colabore com a produção científica e cultural.
Proibida a reprodução total ou parcial desta obra sem a autorização do editor.

Nº DE CATÁLOGO: **2269**

SOBRE A REEDIÇÃO DE JANGADA

A reedição da obra de Câmara Cascudo tem sido um privilégio e um grande desafio para a equipe da Global Editora. A começar pelo nome do autor. Com a concordância da família, foram acrescidos os acentos em Luís e em Câmara, por razões de normatização bibliográfica.

O autor usava forma peculiar de registrar fontes. Como não seria adequado utilizar critérios mais recentes de referenciação, optamos por respeitar a forma da última edição em vida do autor. Nas notas foram corrigidos apenas erros de digitação, já que não existem originais da obra.

Mas, acima de detalhes de edição, nossa alegria é compartilhar essas "conversas" cheias de erudição e sabor.

Os editores

SUMÁRIO

• • • • • • • •

Jangadeiro	13
O jangadeiro	15
O nome jangada	60
Presença no Brasil	63
Modificações: a vela, a bolina e o remo de governo	80
Nomenclatura	101
Na jangada	101
Linhas e anzóis	106
A tripulação	107
Utensílios	110
Na jangada de tábua	111
Construção	114
Geografia da jangada	125
Economia da jangada	143
Pequena antologia da jangada: nos dicionários e na poesia	148
Vocabulário da jangada	162

Minha jangada de vela
Que vento queres levar?
– De dia, vento da terra;
De noite, vento do mar!

De 1905 a 1910 morei na rua do Comércio nº 44 em Natal. Era um sobradão com sótão. No livrecão de Mary Wright, "The new Brazil", na parte dedicada ao Rio Grande do Norte, está uma fotografia da rua com a casa e meu Pai no meio, de bonezinho de seda preta e suspensórios, flanando. Negociava no andar térreo. A parte posterior do edifício dava para o rio Potengi. O cuidado de minha Mãe era evitar que o filho morresse afogado. Vivia eu fugindo para ir pescar morés a mão ou agarrar baiacus coçando-lhes a barriga para que estufassem.

Ia ao Canto da Praticagem e mesmo ao Canto do Mangue na Rocas. Aí encalhavam botes e especialmente jangadas, as jangadas do alto, veteranas das pescarias de dormida nas Paredes, cinqüenta milhas de largo, balançando no banzeiro do mar, a vela enrolada, o mastro fora do banco, o vento morno assobiando nos cabrestos, as estrelas vigiando lá em cima, o Cruzeiro alto, brilhando.

Viviam os grandes mestres de jangada, quase todos compadres e fregueses de meu Pai. Tinham mestrado muita embarcação. Mestrar é dirigir, orientar, mandar. Não vi o vocábulo nos dicionários. Conheci, menino, rapaz e homem, muitos destes Mestres de fama ainda lembrada. Alguns morreram há poucos anos.

Mestre Silvestre pescava o peixe que queria. Tinha o segredo das Pedras Marcadas. O senador Pedro Velho chamava-o encomendando um cioba, galo do alto ou bicuda gorda. Mestre Silvestre sacudia-se para o mar, passava a barra e sumia-se no fundo de fora. De tarde voltava com o peixe na unha. Morreu no mar. Quem vive do Mar morre nele. Quase na boca da barra largou o tauaçu para fundear e a ponta enganchou-se na perna, arrastando-o para o fundo. Quando o filho conseguiu trazer mestre Silvestre para cima da jangada o velho jangadeiro estava morto. Mas deixou nome. Foi o maior pescador do seu tempo.

Lembro-me de outro que também morreu no mar. Sofria de epilepsia. Quando o ataque vinha vindo amarrava-se no banco, de governo. Numa destas vezes morreu amarrado. A canoa continuou navegando, pano aberto ao vento brando, indo e vindo, tripulada pelo morto, até que encalhou em Mãe Luzia, na Areia Preta. Chamava-se Manoel Gangão. Perdera quatro dedos numa explosão de dinamite festejando João Café Filho numa festa do Sindicato de Pescadores. Nas noites de sexta-feira, havendo luar, passa e repassa na linha do mar de Areia Preta a canoa fantástica de Gangão, mestrada por ele, fazendo penitência.

Conheci Mestre Filó, Filadelfo Tomás Marinho, falecido em Natal em 7 de novembro de 1944. Foi patrão da "República", barca de pesca capitânea das três que visitaram o Rio de Janeiro em 1922 com vinte e três dias de mar. Catulo da Paixão Cearense dedicou um poema a mestre Filó, chamando-o "Almirante". Vivera em cima d'água salgada. Viu num Dia de Finados a procissão dos náufragos, almas dos afogados, circulando em silêncio a Pedra da Criminosa e a Pedra do Cerigado. Ouviu a sereia cantar no Paricé, nas alturas de Ponta Negra, trinta e cinco braças de fundura. Rezou as "forças do Credo" e a sereia calou-se.

Conheci Mestre Manoel Claudino, falecido em Natal em 15 de setembro de 1940. Fora patrão da "Pinta" na viagem do Ano do Centenário. Andava balançando como se estivesse numa jangada. Pescou sessenta anos seguidos. Só falava no mar, nos trabalhos e assombros do mar. Numa noite o escurão do mar iluminou-se todo como para uma festa. Nem um navio passava. Vinha uma música bonita derramada por cima das ondas. Depois tudo se foi apagando, luzes e melodias, devagar, desaparecendo num encanto. Manoel Claudino ficou pescando sozinho no meio do mar escuro.

Conheço há trinta anos Ricardo Severiano da Cruz, pescador, filho e neto de pescadores e construtores de jangadas, doutor formado na ciência do mar. Tem mais medalhas que um Embaixador. Foi o patrão da iole "Rio Grande do Norte" em 1953, subindo a remo de Natal ao Rio de Janeiro numa obstinação inútil e gloriosa.

Sou amigo velho de Pedro Perna Santa, Pedro José de Oliveira, nascido na Areia Preta em 15 de setembro de 1890, pescador desde 1899 até hoje. Pescador de jangada e de bote de vela. Duro no ofício, sabedor de tudo. Já arribou no Torce-Fio perseguido por um cação de vinte e cinco palmos de comprido.

Estes foram meus professores na jangada e coisas de pescarias. Pescadores de muitos anos, pacientes, entusiasmados com a doutrina ensinada e curiosidade perguntadeira do aluno.

Depois vieram viagens, livros, observações pessoais. A jangada foi tomando vulto e ficando completa.

Quando Assis Chateaubriand perguntou se eu podia escrever um ensaio sobre a Jangada, respondi afirmativamente. Estava fiado nos velhos mestres, vivos e mortos, nas vozes desaparecidas ou ainda alertas soando em cima dos seis paus boeiros das jangadas do alto.

Por isso foi possível escrever este livro.

Luís da Câmara Cascudo
Natal, 6 de novembro de 1954.

JANGADEIRO

. . . .

Ofício herdado. Mulher rendeira. Pesca do Voador. Preparo. Praia festiva. Pesca da Albacora. Toninha e Bicuda. Faro. Procissão dos afogados. Sereia no Paricé. Alimentação. Fumo. Nome de jangada. Dias de preceito. Superstição menor e Solidarismo. Caiçaras. Sociologia jangadeira. Domínio do silêncio. Vocabulário reduzido. Fidelidade profissional. Jangada rebocando transatlântico. Caminho e Assento. Pedras marcadas. Velhos mestres de jangada. Os escravos jangadeiros. Nadadores. Mergulhadores. Suicídio. Faro e visão dos peixes. O canal de São Roque. Pescaria de Agulhas. O "Serrador" e as Urcas. O Parraxo. A pesca histórica no Rio Grande do Norte. Jangadas e náufragos. A ilha das Rocas. Música no mar. Jangadeiro e fugitivo de Fernando de Noronha. Navio fantasma. O Arrais. Pescador e pauperismo. Casamento, casa e vida doméstica. Jangadeiros e Abolição. Divertimentos; o Bambelô. Os "raids" famosos, Maceió-Rio de Janeiro, Fortaleza-Porto Alegre. Corrida de jangada. É doce morrer no mar?

O Jangadeiro

O jangadeiro é filho de jangadeiro. Um por mil, não tendo a profissão fixada na família, escolhe a jangada para viver. O comum é ter nascido à beira-mar e ajudado, desde menino, a jangada a trepar nos rolos, empurrá-la para a maré, puxar o cabo da rede, pescar moré nas locas, nadar com a mesma naturalidade de um ato respiratório. Nas cidades há uma sedução por outros misteres mais rendosos e, tendo o pescador muitos filhos, alguns desgarram e vão trabalhar no enxuto, carpinteiros, pedreiros, caiadores, quebradores de granito nas pedreiras de Macaíba. Preferem uma ocupação continuada, seguida, ao lucro avulso e imprevisto de cabeceiros, carregadores, ganhadores nas Docas do Porto, pastoreando viajantes nas agências de navegação.

As mulheres ficam em casa e, outrora em maioria absoluta, eram rendeiras afamadas. O habitual, ainda hoje, é a rendeira da praia, praia fora de Natal, tendo mais tempo e sem as tentações da cidade próxima, com seus ruídos e pecados. Dizia-se antigamente *renda da praia* como título genérico para a produção. Como em Portugal, a rendeira é mulher de marujo, vivendo às margens do mar. A renda seria trazida pelo português e sua localização ficou restrita, como função essencial, às praias e não aos sertões ou agrestes. Muitas rendeiras conservavam certos papelões, com os modelos, em segredo misterioso e não davam *amostra* para espalhar o tipo. Trabalho sedentário, imóvel na esteira ou areia fria, trocando os bilros sobre o bojo da almofada cheia de capim, quase nunca vendiam a produção pessoal e sim mandavam *oferecer* nos centros mais populosos, ganhando menos porque deviam dividir com a vendedora que se locomovia, de porta em porta: – "Quer renda da praia? Renda para enxoval de noiva ou batizado de menino? Renda da praia, barata!" Atualmente as rendeiras vendem tudo aos intermediários que percorrem as praias e fornecem às casas comerciais sob o nome clássico de *renda do Ceará*, paraibanas e norte-rio-grandenses.

O jangadeiro tem horário certo. Sol fora deve estar navegando rumo aos pesqueiros. Na roda do sol para se pôr a jangada está abicando, pronta para ir subindo nos rolos, caminho do descanso noturno. As jangadas de alto é que pescam longe, nas Paredes, cinqüenta e sessenta milhas ao largo, terra assentada e vento rodante e gemedor.

A zona maior da pescaria começa ao sul pela Baía Formosa onde as albacoras descem em cardume nos três últimos meses do ano, até alturas de Macau.

A tentação maior, *sweepstake* legítimo, é a pesca do Voador ao norte, Cajarana, Três Irmãos, Santa Maria, Caiçara, Jacaré, Galo Grande, Galinhos, de abril a junho desde os *escuros de maio* ao São João. A "safra", em Caiçara ou Galinhos, reúne mais de cem botes, fora as jangadas. Vêm de todas as praias e da Paraíba. O Voador desce em piracema longe da costa, mar aberto onde o tauaçu não toma pé. E pescaria de perau, jangada solta, descaindo com o vento ao lento empuxo d'água faiscante. O cardume nada tão longe que no comum a jangada larga a meia-noite para alcançar o Voador onze a doze horas depois.

Uma jangada recolhe 4.000 a 5.000 peixes por dia. O bote vai de 15.000 a 25.000. Um milheiro vale Cr$ 800,00 atualmente. Alcancei valendo vinte mil réis e diziam-no pela hora da morte.

A pesca é unicamente de jereré, rede triangular, com 40 e poucos centímetros, parecendo uma raquete de tênis.

Quando a jangada chega, espalha-se a isca, atirando na água tripa de peixe ou óleo de cação ou de tartaruga. Espalha-se a nódoa e o Voador aparece, roncando, saltando, enchendo o mar. *Taca-se o jereré até cansar a munheca.*

O trabalho é mergulhar o jereré e trazer o Voador para a jangada até enchê-la, abarrotando-a de montes palpitantes que se estorcem e rabeiam, tentando ganhar o mar.

Enquanto o Voador morre as ovas expelidas alastram-se, tapando a rede dos jererés pelas malhas, subindo pelos cabrestos do banco de vela, fechando o samburá, agarrando-se às tamancas dos calços do remo e do banco de governo, cobrindo com sua viscosidade luminosa a jangada inteira, dificultando o passo, ameaçando afundá-la.

Vez por outra o Dourado empina a cabeçorra fora da onda e os Voadores desaparecem. Quando a jangada não cabe mais, mete-se o mastro no banco, ajustando-o na carlinga, abre-se a vela, buscando terra.

E o *preparo* do Voador na praia? Amontoado aos 10.000 ou 30.000, é entregue aos cuidados das mulheres e das crianças, horas e horas. Vão

Jangada

elas *escalando* (abrindo longitudinalmente), *desguelrando* (arrancando as guelras) e salgando. Lavam na água salgada e tornam a salgar, estendendo nos varais de um metro e meio de altura, estaleiros para secar, cada um com a capacidade de 14 a 15.000. Leva *sereno*, outro dia de sol e é então recolhido, a granel, aos armazéns. Com cinco a seis dias de armazém *engrauja-se* o Voador, fazendo-se o garajau, atado de varas de madeira e palha, medida clássica que contém um milheiro. Só se pode vender de meio-milheiro para cima. O garajau, grade de varas com passadeiras de cipós ou palha de carnaúba, recebe o Voador em camadas sucessivas e resiste bem ao transporte longínquo.

Os pescadores falam do garajau custando dez mil réis, 120$ em 1940 e hoje Cr$ 800,00. Comida de rico, explicam.

O Voador é o peixe do pobre, assado ou cozido com leite de coco, acompanhado de farófia seca ou simples farinha de mandioca. Viaja para o alto sertão. É o mais popular, democrático e proletário dos pescados há mais de quatrocentos anos.

Durante a safra do Voador as praias de pescaria animam-se com todos os folguedos, bailes, feiras, tocadores de sanfona, cantadores de emboladas e desafios, namoros, casamentos, raptos, brigas, riachos de cachaça, dinheiro fácil, cosmorama, lanterna mágica, cinema de pilhas, mamulengo, batizados, vinte motivos outros desde a satisfação de compromissos marcados para aquela data até os sucessos imprevistos, dando centros de interesse novo e vivo. Em quantidades menores pesca-se o Voador em todo o litoral do Estado. A pesca da Albacora na Baía Formosa (lat. 6° 22' S. long. 35° 0' W.) atrai pescadores numerosos. 110, 150 botes, afora as renitentes jangadas ciosas do perdido predomínio passado compareçem, outubro a dezembro. É pescaria de corso, arrastando a linha sem fundear, do mar para a terra e da terra para o mar, indo e vindo ao vento largo do verão. Uma só linha em cada jangada ou bote. Isca de cavala. Anzol de meio-quinze. Pescarias de três a quatro milhas. Dão albacoras de um metro, as comuns e mesmo, em raro, as albacoras de laje, de metro e meio. Matam de sessenta e setenta por dia. Há, naturalmente, recordes. José Gaspar, pescador do Rio do Fogo, matou num dia, em 1939, mais de 100. Mas eram de 50 a 60 centímetros. Mesmo assim José Gaspar ficou falado até hoje.

Já não me falaram do uso tão citado do jangadeiro alvorar uma bandeirinha encarnada quando conseguia pescar um bejupirá e, chegando à praia, pagava patente aos companheiros pela honra recebida de ter um peixe raro e gostoso. Desapareceram quase todos os respeitos pela toninha, protetora dos náufragos e inimiga respeitada de todos os peixes grandes e ferozes, especialmente o camarada cação em todas as suas variedades assombrosas. Dizem que no Império pescador que matasse toninha ia para a cadeia sem remissão. Era penalidade inútil porque todos a tinham como madrinha dos jangadeiros, garantia e segurança da tranqüilidade em cima da água do mar. Quando vinha no anzol o pescador retirava-a, deitando-a ao mar ou mesmo cortava a linha, libertando-a. Não se levava toninha para a terra. Hoje em dia pescam-se e às vezes ferem-nas à oraçanga. Gente ruim, remata Pedro Perna Santa, meu informador.

Mar é casa de peixes, mas o cachorro feroz, o gavião faminto, violento e cruel é a Bicuda, insaciável. Quando chega é *torando tudo...* Os outros fazem por onde viver. Malvada por malvadeza só mesmo a Bicuda, correspondendo, em ponto pequeno, a Piranha fluvial.

Há contos grandes de peixes enormes, identificados com cações descomunais, seguindo, horas e horas, a jangada, no faro do pescado no samburá. Os pescadores insistem no *faro* dos peixes, negado por observadores complicados. Todos narram episódios comprovativos. Que a vista é muito aguda, não se discute. Sangue caindo na água é certo o batido do peixe, virá batendo nas proximidades da embarcação. Mas mesmo assim há quem teime em dizer que o peixe veio por causa do *cheiro do sangue...*

Visões, fantasias, assombrações do mar já não são encontradiças. Os fantasmas recuam, desmoralizados ou os pescadores recusam confidências comprometedoras. Devo dizer que muitos dos meus informadores são amigos e trinta anos fiéis. Inteiramente de confiança, companheiros de pescarias fáceis, de conversas velhas, com uma gota de cachaça e um caju de conta. Caju de conta é o que cabe na boca duma só vez, feito à medida e forma para a *parede*, o tira-gosto.

Filadelfo Tomás Marinho, Mestre Filó, falecido em Natal em 7 de novembro de 1944, foi mestre famoso, respeitado como um oráculo. De sua competência ficou a viagem ao Rio de Janeiro em três botes de pesca, 23 dias de mar, com o "República", "Pinta" e "Íris". Mestre Filó mestrava a flotilha, dirigindo a "República", Manoel Olímpio a "Pinta" e Francisco Cândido de Oliveira, Chico Caraúba, a "Íris". Chegaram no Rio de Janeiro em 18 de setembro de 1922. Catulo da Paixão Cearense publicou um longo poema no assunto, chamando mestre Filó "Almirante". Ficamos com uma canção popularíssima e romântica sobre o feito, "A Praieira", poesia de Otoniel Meneses e música de Eduardo Medeiros.

Mestre Filó viu a procissão dos afogados fazendo penitência numa sexta-feira da paixão. Estava pescando, pecando porque não se pesca neste dia, na Pedra da Criminosa com Benjamim e Francisco Camarão. Na Pedra do Serigado de Baixo estavam José Justino e Manaos. Todos viram. Os afogados apareceram nadando em filas, silenciosos, os olhos brancos, os corpos brilhando como prata na água escura. Não é imaginação de Mestre Filó. Frederico Mistral era um homem sério e viu a *la proucessioum di negadis* nas margens do Ródano na noite de Saint Medard. Podem todos vê-la no canto quinto do "Mireio".

Todos sabem perfeitamente que a sereia existe. Antigamente milhares de pescadores ouviram seu canto. Depois a sereia escondeu-se no fundo do mar e raramente aparece. Ulisses cobriu os ouvidos de cera para não entender o canto irresistível. Naquele tempo a sereia era meio-ave e não meio-peixe. Mestre Filó não chegou a ver a sereia mas ouviu sua cantiga doce derramando-se nas ondas calmas do Paricé, alturas de Ponta Negra, trinta e cinco braças de fundura, numa noite serena. Rezou as "forças do Credo" e a sereia calou-se.

Mestre Manoel Claudino que foi ao Rio de Janeiro na "Pinta", pescador de renome e respeito, pisou sessenta anos os rolos das jangadas. Andava balançando o corpo, equilibrando-se para receber uma vaga que não vinha. Faleceu em 15 de setembro de 1940. Era baixo, grosso como um aroeira, queimado de sol, resistente como um tronco que fazia sua jangada veleira. Uma noite o escurão do mar iluminou-se como para uma festa. Uma luz azulada, espalhou-se pela vastidão, vestindo espumas e águas com trajes rutilantes. Depois uma música subia do abismo como de invisível orquestra miraculosa. Manoel Claudino ficou de fio na mão, ouvindo a melodia estranha e linda. Lentamente a sonoridade tranqüila e as luzes diáfanas foram diminuindo, apagando-se, desfazendo-se. Ficou pescando sozinho no meio do mar escuro.

No comum recusam-se a falar nestas coisas maravilhosas que todos viram e ouviram na solidão do oceano. Ninguém vai acreditar. Trocam olhares de apoio tácito, de conveniente mudez preventiva. O melhor é dizer num sorriso: – no mar só tem peixe... Mas sabem que os peixes não são os únicos moradores do mar.

Árvore preferida não é o coqueiro ornamental, decoração das praias em cuja sombra consertam redes e programas de pescarias. O cajueiro é o favorito. Fazem as choupanas perto de um deles, copado e de sombreado redondo e amplo. Os cajus são as frutas queridas. Nem cajuada nem doces são comuns por causa do preço do açúcar, mas ninguém disputará ao caju o direito de acompanhar o gole de aguardente, matar a sede, prolongar a gulodice mastigando sem fim o doce bagaço macio. As castanhas assadas entretêm horas de conversa. Farinha de castanhas. Rosário de castanhas vão para a pesca, trituradas devagar numa ruminação deliciada.

Se mandarem que escolham a forma do peixe para o jantar indicarão sempre o cozido, nágua e sal, *com toda a sustança* não roubada pelos condimentos. Pirão escaldado, o caldo derramado em cima da farinha seca, é o legítimo. Os outros, fervidos, enfeitados, são enganos, mentiras e engodos para o paladar. Quando se termina o jantar bebe-se o caldo que sobrou do cozinhado. Aí estão todas as forças do peixe. Bebe-se então o que se tem para beber. Durante a comida o líquido perturbará tudo. Inclusive não deixa que o estômago receba as forças da alimentação. Todos os indígenas eram assim. Os orientais também.

Não há sobremesa. O doce ideal e prestigioso é do taco da rapadura, roído na lentidão gostosa de apreciador. Têm a impressão do doce fazer mal ao estômago e todo amargo fazer bem. O doce produz lombrigas. O café com pouco açúcar é o que traz saúde. Depois do peixe, o prato melhor é a carne de sol, assada, farófia de farinha com um tico de coentro e alguma cebola. As verduras não têm popularidade entre eles como era no sertão velho. As bebidas para homem são as destiladas, cachaça, conhaque, bebida de macho. Cerveja é refresco. Pode *pegar* pela quantidade mas não tem valia nem importância. Os velhos gabam (*gavam,* na prosódia local) o vinho do tempo deles, dando vigor. O vinho de hoje está muito desacreditado. *É água de pau de tinta.*

Todos fumam. Cigarro, charuto quando lhes dão, e cachimbo. Já não encontrei pescadores *mascando* fumo e cuspilhando longe, entre os dentes. No tempo antigo alguns usavam *mecha,* numa *pelha* de fumo metida na narina. Remédio e gosto. Antonil fala neste uso, explicando-o. "Pelha" é pele.

Noventa por cento das jangadas quando têm nome são homenagens aos santos. São Pedro é muito popular. Nossa Senhora dos Navegantes, Bom Jesus dos Navegantes, Santo Cristo. Vezes aparece uma "Estrela do Mar" ou lembrança de peixes, Toninha. As barcas variam mais, trazendo denominações das cidades ou praias favoritas. Natal, Mossoró, Caiçara, Pirangi...

O único dia de preceito contra a ida para o mar é sexta-feira da paixão. Há um outro em que se evita sempre o trabalho de pescaria, dia aziago, primeira segunda-feira de agosto.

Todos os demais dias são bons. Barriga não tem feriado, dizia o velho pescador Antônio Alves, voltando num 7 de Setembro do mar. Há pescadores com seus respeitos e venerações especiais. Não pescam Dia de Santa Luzia, protetora dos olhos e padroeira da boa vista. Como a visão é essencial na pescaria, temem ofender Santa Luzia. E contam que pescadores cegaram por desobedientes. Domingo da Ressurreição e o Dia da Hora (Ascensão do Senhor) têm muitos fiéis no mar.

* * *

Todos falam que os pescadores são extremamente supersticiosos. São tanto quanto as demais criaturas do mundo. Nem mais nem menos. E a superstição nada tem com o nível de uma civilização. A cidade mais supersticiosa do mundo é justamente New York, a maior, mais rica e mais povoada de universidades e propagandas. Nem há, de modo geral, superstição nova. É uma questão de pesquisa verificar-se sua antiguidade.

Debalde, desde 1940 quando comecei a pesquisar superstições, tenho procurado nos pescadores das praias norte-rio-grandenses o rico material dos seus pavores e os elementos defensivos. Quase nada encontrei que igualasse ao habitante das cidades, do Rio de Janeiro ou de São Paulo.

Não encontrei um só amuleto nas jangadas visitadas demoradamente. Nem um só depoimento obtido aludiu a este fato. Nem sequer a Figa, o polegar passando entre o indicador e o médio da mão fechada, deparei. A Figa é o amuleto mais espalhado, conhecido e possivelmente um dos mais antigos do mundo. Nem um *sino-salomão*, sinal de Salomão, a hexalfa, estrela de dois triângulos que a Cabala divulgou. Nem a cruz latina ou a Cruz de Santo André, santor, em forma de X. Em casa, na família, têm sua religião, santos médicos, sonhos premonitórios, devoção ao Padre João Maria ou ao Padre Cícero do Juazeiro. Vão à missa por promessa. E são todos católicos.

Em certas praias, na maioria ao sul de Natal, constroem uma barraca de folhas de coqueiro na praia. Barraca apenas com a cobertura vegetal e os lados livres. É a caiçara. Clube de conversação, lugar do conserto de redes, bate-papo, vadiação domingueira, desde o comentário da vida alheia até o sono de pedra estirado na areia convidativa. Juntá-los em sala caiada, com mesa, cadeira, presidente, sessão aberta, é difícil. Vão canhestros, tímidos, botinas rangideiras ou chinelas novas, camisa limpa, chapéu novo, envergonhados, com um risinho diferente. Sentam-se e ficam silenciosos, concordando, doidos pela areia, pela caiçara, pela conversa debaixo do cajueiro ou coqueiral, como sempre tiveram.

Têm, entretanto, um espírito de solidarismo instintivo e profundo. Todo pescador é irmão. Defendem, explicam, minuciando casos quando se trata do interesse de algum deles. Ficam eloqüentes. Interessados em que o interlocutor compreenda fundamente as razões do ato do companheiro. E quando não há defesa recorrem à vida passada, lutas no mar, bom pescador, bom pai de família, trabalhador, *foi cair naquela besteira...*

A vida difícil e áspera prende-os no mesmo elo invisível de amizade natural. O jangadeiro é um mistério psicológico em sua transparente simplicidade. Não há mistério algum. Nós é que perdemos a faculdade de aproximação às forças espontâneas e naturais. Estamos longe do sabor vivo da água das fontes porque entendemos que o conhecimento dela é através da análise química. Para nossa pressa, consagrada e sacudida pela cultura em condensação, pelas antologias que nos afastam da verificação integral e direta dos textos, pelas reportagens e televisão que popularizam o aspecto exterior e vistoso das coisas, pelo rápido cansaço mental ante a resistência confidencial do elemento pesquisado, esbarramos no jangadeiro como num remanescente neolítico a quem perguntássemos impressões atômicas ou fotos da superfície de planetas perdidos.

A nossa presença irradia, inconscientemente, o veneno da urgência e da incompreensão subseqüente. Urgência com o telefone, rádio, avião de jacto, cinema, revista, resumos, notas esquemas, sínteses. A taciturnidade impassível do jangadeiro legítimo é desconcertante. É um descendente direto ou um ancestral que sobrevive dos pescadores de Barh-el-Tabarieh. Ancestral porque os primeiros discípulos de Jesus Cristo já pescavam de barcas e com redes no lago de Genezaré. O jangadeiro conhece apenas os seis rolos jogados ao mar, sem ligação de metal, e pesca de linha com anzol na ponta, esperando. Nós não sabemos ou não podemos esperar alguma coisa que possa ser modificada para tornar-se vertiginosa, imediata e pronta ao aceno útil do "Homo Faber".

O pescador de jangada é ainda, na contemporaneidade tumultuosa, aquele modelo evocado por Papini. *Il Pescatore, che vive gran parte dei suoi giorni nella pura solitudine dell'acqua, el'uomo che sa aspettare. È l'uomo paziente, che non ha fretta, che cala la sua rete e si raffida in Dio.* É homem que sabe, profissionalmente, esperar nas promessas de Deus e nos presentes do acaso.

Combinam-se harmoniosamente em sua alma a predestinação e o livre-arbítrio. É um lutador diário, recorrendo à experiência e à improvisação para os problemas que surgem na jangada, todos mínimos e todos vitais. Da solução subseqüente ao aparecimento da causa dependerá possivelmente sua vida ou a utilidade do dia inteiro de esforço, a jornada no mar solitário, a batalha anônima com inimigos inesgotáveis e poderosos. Lutará sempre sem desfalecer e esperar quartel e paz do adversário infinito e sem alma, os ventos e o mar. Todos os seus recursos se confinam na sua própria pessoa. Mas confia em Deus, no seu santo de guarda, na madrinha celestial da jangada oscilante. Sucumbindo, não duvidará da existência do auxílio divino. Não o mereceu naquela hora ou não o alcançou a tempo de salvá-lo. O filho que o substituirá na embarcação balouçante e primitiva talvez seja mais feliz. Tal é a lei para eles.

O maior modelador é o silêncio. O pescador é o profissional do silêncio. O jangadeiro deve ser silencioso no meio da musicalidade selvagem do mar. É o único trabalhador que não pode conversar nem cantar enquanto dure sua tarefa.

Mesmo os demais homens de ocupações teimosas ou rudes, mariscadores de diamantes, bateadores de ouro, cortadores da caucho, seringueiros, carpinteiros, ferreiros, pedreiros, britadores de pedra, têm suas cantigas de estímulo, seus cantos de trabalho. Os mineiros asturianos ou do País de Gales possuem conjuntos orfeônicos de espalhada glória. Não será possível coisa idêntica com os pescadores. Não haverá nunca, em jangada e bote, canção de pesca, cantiga de pescadores durante a pescaria. São destinadas às horas em terra, nas praias, batendo o violão. Há centenas de poetas operários. Vaqueiros. Marinheiros. Aviadores. Mecânicos. Artilheiros. Pescadores, não. Toda sua intensa poesia vive, intensa no potencial interior, na extensão do silêncio da profissão, embebida de lirismo emocional.

Não há, evidentemente, um vocábulo expressivo e fácil para traduzir as visões da vida jangadeira possuído pelo pescador da jangada. É uma narrativa esquemática, clara, incisiva, riscando como um diagrama de percurso as linhas essenciais do motivo impressionador. Um vaqueiro descreve uma pega de barbatão na caatinga enovelada de mandacarus e macambiras com um encanto visual de ressurreição. Pela gesticulação ardorosa, as imagens quentes, oportunas e originárias, as inflexões ricas de modalidades sônicas, vemos a carreira no "fechado", as negaças do touro, a valentia do cavalo, a obstinação do vaqueiro, o momento alegre em que embassorou a cauda do animal, envolvendo-a na mão crispada e a sacudidela brusca, irresistível a mucica, a saiada, atirando-o ao chão, numa espetacular derrubada de espavento, quatro patas volvidas para o ar num estirão de poeira fulva, batida de sol.

Ouçam um caçador confidenciar uma espera de caitetus ou a perseguição a um veado mateiro. Lembrem um marinheiro contando a tempestade que sacudiu seu navio. Ou um soldado minuciando um encontro com o cangaceiro Virgolino Lampeão ou "cabra" do seu bando. Ou um fuzileiro naval evocando seu tempo de aprendizado no Rio de Janeiro e os milagres vitoriosos de sua adaptação carioca. Ou um malandro, de qualquer ponto do Brasil, fazendo sua estória modesta de valentias e habilidades doseadamente iguais.

O jangadeiro, lacônico, reservado, bisonho, pondo lentamente as palavras, em raro impressiona no vagar remorado do seu desenho verbal. São períodos curtos, indispensáveis, firme de colorido e despido da ressonância veemente e comunicativa, arrastando as frases que se escoam nas vagas intermitências silenciosas. Pedro Perna Santa contando seu encontro com um cação de vinte e cinco palmos, companheiro indesejável em duas horas mortais de dispensável visita no mar alto, suas manobras para evitá-lo, a vinda para terra, arribando no Torce-Fio, perto da Ponta Negra, madrugada fria, deixando o monstro rondando lá fora, abrindo os olhos luminosos e glaciais, permite apenas o fornecimento do material para a elaboração da emotividade alheia. Diretamente ele dá somente os elementos, expressivos e ricos mas sem calor, sem intenção comovedora, sem comunicabilidade. Cabe ao ouvinte a química pessoal determinante da emoção.

Nada mais lógico que este estado natural de taciturnidade tranqüila. A jangada não comporta conversa nem cantiga. Há apenas a rápida troca de ordens e a sugestão de uma manobra num tempo de relâmpago. O ressoar da voz humana afugenta o peixe nos pesqueiros como a exploração de mina submersa. No sertão se diz que se perde a boiada por falta de um grito aboiador. No mar perde-se uma arabaiana soberba por um assobio imprevisto e gaiato. Na via jangadeira sente-se o moto heróico dos trapistas, *oh beata solitude, oh, sola beatitude!* Muitas vezes na praia da Areia Preta onde veraneio desde 1925 tenho ficado horas e horas com os pescadores, comendo e bebendo. A conversa exclui singularmente a narrativa continuada. Os períodos fixam os temas, provocando comentários que duram segundos. As reminiscências, figuras de jangadeiros mortos, as proezas de pesca, nevoeiro e ventania, a batalha com os grandes peixes cintilantes, as luzes, músicas, sombras, mistérios do mar, não têm o condão de prolongar-lhes a fabulação espontânea. O mar dará grandes poetas e escritores maiores. Dificilmente um orador nascerá entre as fileiras pescadoras. Há também o mistério da fidelidade profissional e ainda a escolha livre por um trabalho pouco remunerador. Nesta fase onde apenas as divisas aquisitivas de utilidades merecem valorização incessante e declaratória, domínio totalitário do Econômico, o jangadeiro é inexplicável na sua teimosia de meia ração pela vida inteira. Podia, lutando com a mesma obstinação, passar-se para outro campo produtor. Raros, entretanto, emigram. Mesmo pescando em botes falam sempre da jangada como um ente exilado da estrela Capela, vivendo na Terra, dedicasse à sua longínqua e sempre perdida pátria a oblação de uma lembrança diária. Aqui falará Dom Alvaro de Figueroa y Torres, conde de Romanones, não etnógrafo ou antropologista mas político na plenitude da observação real dos homens: *La verdadera vocacion de uno es obra de todos sus antepasados. Se recibe por herencia y se tiene o no por nacimiento. Es innata. Las circunstancias no la crean. Se limitan a promover su despertar. Como la semilla contiene el arbol aunque no siempre germine.*

Assim todo filho de pescador é pescador em potencial. O apelo do mar parece evidentemente mais profundo que a voz da terra. Depois do serviço militar cerca de 20.000 rapazes não voltam mais ao campo. Os filhos de pescadores ficam na Marinha ou regressam à pesca. Uma percentagem mínima é que se fixa nas cidades, noutras profissões.

Há, visível, um crescente abandono pelo campo e os filhos dos vaqueiros encontram pouca poesia lucrativa na vida pastoril. Entregam-se mais facilmente ao amavio urbano e lutam desesperadamente para não voltar à pecuária. Permanecem no subcolonato citadino, marginais, sem saudades e com a esperança de uma fixação definitiva na cidade-grande que os conquistou. Estão esquecidos do cavalo, da roça e da derrubada, *when men were men and rode on horses...*

A jangada frágil e simples, sempre marítima e não fluvial, prepara o homem para o oceano e vincula em sua alma um fidelismo profundo e constante. Explicar-se-á na permanência profissional a fidelidade aos horizontes desmarcados do mar.

* * *

Quando se volta da Europa de avião um arrepio sacode os nervos divisando as jangadas na água trêmula do mar sem que se aviste terra do Brasil. Prolongam na imensidão atlântica o trabalho nacional, anônimo e coletivo, estendendo pelo mar inquieto a faina do esforço diário e tenaz. Naturalmente surgem anedotas consagradoras deste destemor. Esta é uma das mais antigas e conhecidas pelo nordeste. Rachel de Queiroz narra-a com a claridade de sempre: [1]

> "Vinha um navio inglês em mar alto, quando de bordo se avistou uma jangada. Pensaram naturalmente que eram náufragos, agarrados àquela balsa rude. Pararam, atiraram uma linha, gritaram coisas em inglês.
> Os jangadeiros apanharam a corda, sem entender.
> – Que será que eles querem, compadre?
> Até que o mestre da jangada pensou, sorriu, interpretou:
> – Acho que eles estão querendo é reboque..."

* * *

O jangadeiro viaja atento às referências do litoral. É uma navegação observada pela marcação de pontos de costa. Podia-se mesmo dizer que é estimada porque a posição é determinada em função do rumo e do caminho andado. Não há bússola nem odômitro. O essencial é a memória para guardar com exatidão as posições nítidas do *caminho* e do *assento*.

O *caminho* corresponderá à latitude, norte e sul, e o *assento* será a longitude, leste e oeste.

Todos os pesqueiros conhecidos e todas as Pedras Marcadas mais ou menos sabidas de muitos ou de raros pescadores têm *caminho* e *assento*, únicos para a localização.

Deixando a praia a jangada vê pela popa morros, dunas, árvores. Duna, morro, árvore escolhida aproximando-se e tomando determinada posição junto de outra duna, morro ou árvore, é o *caminho*. O *assento* é idêntica situação destes mesmos elementos a leste ou oeste, o lado de terra visível pelo bordo lateral da embarcação.

Aqui está uma relação para o encontro de Pedras Marcadas sabida pelos pescadores de Genipabu.

Pedra do Silva. O caminho é as quatro malhas (sinais claros, clareira num morro verdejante, mancha vermelha numa duna de areia branca, etc.) em cima do cajueiro do Tanharão (morro em Genipabu). Assento é a malha da Peroeira que fica nos morros de Petrópolis.

Pedra dos Pretos. Caminho: – Morro do Silva em cima do cajueiro Tanharão.

---

1   *Seleções do Reader's Digest,* fevereiro de 1952.

Assento: – Morro da Risca apontando no Pinhão que fica nos morros de Maxaranguape.

Cabeço da Risca Seca. Caminho: – Morro do Silva ao norte da Gameleira, aproximadamente dez metros. Assento: – Morro da Risca, pegando o Samburazinho, também nos morros de Maxaranguape.

Cabeço da Baixa da Risca. Caminho: – Morro do Silva no Tanharão. Assento: – o mesmo morro da Risca.

Pedra Comprida. Caminho: – Morro do Silva na Gameleira. Assento: – o mesmo morro.

Cabeço do Poço do Cajueiro. Caminho: – As quatro malhas no morro Tanharão. Assento: – Morro da Risca com a Pedra dos Santos em Maxaranguape.

Velejando para o pesqueiro o mestre vai perguntando ao Proeiro: *O caminho vai "enchendo"?* *"Encher"* é um morro aproximar-se ou montar a gameleira, o cajueiro, as malhas juntarem-se no cabeço da duna escolhida como referência, fazendo a posição convencional que fixa a direção para o norte. *Como vai o assento?* O Assento dará sua figura esperada. Quando Caminho e Assento estiverem no ponto aguardado, firmes nas situações previstas, o pesqueiro estará ao alcance das linhas de pesca. Estará justamente no vértice do ângulo em que o Caminho e o Assento são os lados.

Muitos destes Caminhos e Assentos eram segredos invioláveis, vindo de geração em geração no seio da família pescadora. Fora descoberta do avô ou do pai numa feliz manhã e arranjara laboriosamente as referências para a fixação do pesqueiro. Dando de vela o mestre, acompanhado de filhos ou genros, enganava os outros pescadores, rumando direções falsas até encontrar-se sozinho e dirigir-se para o lugar onde o peixe abundava.

As Pedras Marcadas tiveram esta origem. São cachopos submersos, meras e fugitivas sombras na imensidão do mar. Um roteiro para aquele mistério seria semelhante a uma marcação num deserto sem elevação e palmeiras. Quase todos os velhos mestres de jangada de outrora possuíam suas Pedras Marcadas ciumentamente ocultas e jamais confidenciadas nem mesmo nos momentos eufóricos da cachaça com caju com os camaradas na praia na folga do domingo.

A Pedra dos Pretos, umas 24 milhas ao norte de Jacumã, era segredo de Pedro Costa. Só ele sabia a combinação de caminho-e-assento e ia buscar o peixe, calmamente, voltando com a jangada atestada. Debalde outros pescadores tentaram localizar o pesqueiro miraculoso. Numa feita Pedro

Costa levou José da Cruz, um menino curioso, observador e calado. Era de idade que não podia causar suspeita. José da Cruz viajou com os olhos espetados nas referências, arriscando uma ou outra pergunta essenciais. Quando voltou, tardinha, estava com o mistério revelado. Na madrugada seguinte Pedro Costa não foi pescar e José da Cruz pulou numa jangada com um irmão e um amigo. Velejou direito em cima da Pedra dos Pretos, enchendo-se de pescado. Quando Pedro Costa viu os peixes colhidos por José da Cruz limitou-se a suspirar. Perdera o privilégio.

Noutros casos o mistério dura a existência inteira e ninguém atina com o roteiro. Mestre Silvestre, o *Silivestre* famoso, o maior pescador do seu tempo, viveu e morreu em cima do mar e ninguém jamais descobriu os cantos da sua pescaria no mar alto. Tinha Pedras Marcadas que foram exclusivamente suas. Pescava o peixe que queria. Davam-lhe encomendas de arabaianas, ciobas ou bicudas e, ao escurecer, vinha mestre Silvestre entregar o pescado como se o fosse apanhar num curral de peixe. Quando era seguido por pescadores teimosos preferia perder o dia, dando voltas, indo e vindo, sem parar, fingindo ir saçangando. Morreu proprietário das suas Pedras Marcadas.

Felipe Rogério de Santana, o rei da pesca no Rio do Fogo, esteve no mar setenta anos. Era o mais velho e o mais acatado dos pescadores. Chamavam-no *Papaípe*. Valia um oráculo. Pescava sozinho. Já muito velho é que permitia que um neto, Antônio Ponciano, o acompanhasse. Antônio Ponciano ainda vive, setuagenário, paupérrimo, em Genipabu.

Felipe Rogério tinha um orgulho. Nunca deu de arribada em porto algum. Fosse qual fosse o mar, voltava para sua praia, infalivelmente, atravessando neblineiro, vagalhão e rajadas. Pescava em jangada pequena, um "paquete". Vivem as famas dos mestres de jangada derramadas pelas praias, comentadas nas conversas dominicais à sombra dos cajueiros ou do coqueiral.

No Rio do Fogo, Felipe Rogério e o velho João Pau d'Arco, campeão de corrida em jangada. Quando sua jangada chegava perto da praia, vencendo todas, João Pau d'Arco não se continha. Pulava dentro d'água, aos berros de alegria, largando tudo. João Proxote em Genipabu, Gonçalo de Morais Leite em Jacumã. Francisco Pinheiro em Caraúba. Francisco Cândido, do Zumbi. Mestre Silvestre, Honório, Manoel Claudino, do Canto do Mangue, em Natal, Francisco Bianor, Manoel Talia, João Cangolinho, Miguel Cardoso e o filho de igual nome, Alexandre Peba, de Ponto Negra. Quem os esquecerá na evocação jangadeira?

Quase todos morreram no mar ou no casebre de palha, curtindo fome, velhos mas orgulhosos da sabedoria náutica, da ciência do mar, falando como príncipes, recordando as proezas fabulosas.

* * *

Até 1888 muitos escravos trabalharam em jangadas, alugados por seus amos. Nunca foram mestres mas Bico de Proa excelentes, nadando bem, puxando linha, agoando o pano, destemidos, afoitos. À tarde, encalhada a embarcação, voltavam levando os peixes que eram vendidos em benefícios do "senhor". Manoel Claudino, que ainda os conheceu, contou-me do uso de trocar peixes por garrafa de aguardente e deixá-la confiada a um camarada no Canto do Mangue, reserva preciosa. Libertados, alguns continuaram jangadeiros mas a maioria preferiu servir como carregadores do cais. Manoel Claudino recordava de um ex-escravo que fora jangadeiro de verdade, pescador feliz e tivera casinha sua e mesmo uma jangada. Chamava-se João Quicé porque era muito alto e muito magro. Um filho deste Quicé foi o maior nadador de Natal. Morreu no Rio de Janeiro como "Imperial Marinheiro". Não havia mais Império, mas o título continuou até meus dias de menino *canguleiro* na campina da Ribeira, ensopada pelas marés vivas. João Quicé estava pescando longe, terra assentada, em companhia do filho que era franguinho novo. Perguntou se fechara bem a porta do galinheiro, entaliscada de ripas defendendo a entrada dos timbus famintos. O menino respondeu que não se lembrava. O pai arrancou da popa com um pedaço de corda e o filho pulou para o mar, amedrontado, mergulhando. João Quicé ainda deu uns berros de raiva mas depois chamou o moleque mas este desaparecera. Passou o resto do dia triste e certo que o filho se afogara. Voltou depressa e subiu para casa, mastigando o pavor. Quando começou a contar a tragédia à mulher esta respondeu: *Morto? Lá nada. Está trepado no olho do cajueiro com medo de uma surra! Chegou muito cedo dizendo que Você queria matá-lo!* João Quicé foi buscar o moleque, enchendo-o de agrados. Todos estes velhos jangadeiros nadavam como cações. Ficariam dias e noites em cima da água, boiando, descansando com lentos movimentos de perna e braço. Só temiam dentadas de tubarão. Quase impossível um deles morrer afogado. Sucumbiam nos acidentes, corda embaraçando, enrolado da poita do tauaçu, arrastando-o para o fundo, como morrera mestre Silvestre; síncope que fora o fim de Manoel Gangão cujo fantasma ainda dirige sua canoa na praia de Areia Preta; as cãimbras traiçoeiras, imobilizando-o subitamente, as "piloras" vertigens, desmaios imprevistos como as "ausências" dos epiléticos. Nadam "de braço", quase de peito, rompendo água como proa de cruzador. O nado de "cachorrinho", cavando com as mãos, os braços curvos, batendo muito os pés, é nado-de-beira, semidivertimento porque cansa muito. Descansam nadando de costas ou boiando como cortiça de araticum. Não conhecem o *crawl*. Ricardo da Cruz, excelente nadador, opina que *nado com a cabeça dentro da água é nado para peixe*.

Da resistência física miraculosa há longa testificação comprovante. Ricardo Cruz, náufrago de um bote de pesca, esteve 60 horas nas ondas. Outros nadaram, espaçadamente, sessenta e mais milhas, desde as Paredes à costa. Outros estiveram flutuando, agarrados a um pau, três dias e três noites. E durante estas horas trágicas ouviram músicas deliciosas, cantos, choro de crianças, zurro de jumento, relincho de cavalo, clarinadas de galo, saudando o amanhecer.

* * *

Há a história patética de mergulhadores assombrosos. O primeiro escafandrista que operou em Natal foi o português Manoel Gaya, sessentão, contratado pelo engenheiro Pereira Simões para as Obras do Porto. O primeiro mergulho realizou-se em 14 de abril de 1906, encontrando a carcaça do "Sussex" que naufragara em 1883 no rio Potengo. Os mergulhadores não ficaram desmoralizados com o complicado aparelho. Antes valorizaram-se pela simplicidade do mergulho de dois e mesmo mais minutos.

Contam as maravilhas dos irmãos João Prático, Miguel, chamado Miguelão, e Julião, filhos do velho Gabriel Lourenço Ferreira, do Rio do Fogo, casado com Genoveva, patriarca de vinte e cinco filhos. O velho Gabriel amava as festas populares e tocava viola. No São João e Natal mandava convidar a velha Maria Tebana, do Zumbi, para cantarem desafio. A velha Tebana cantava seu epitáfio:

> *Quando Tebana morrer,*
> *Se quiserem divertir*
> *Batam na cova da negra*
> *Que verão o chão se abrir!*

Os três filhos foram os maiores mergulhadores de que há notícia na memória dos pescadores na costa do Rio Grande do Norte. Quando havia naufrágio iam de noite e mergulhavam, percorrendo o interior dos navios submersos como se estivessem passeando na praia. Traziam o que queriam. Trabalhavam lá no fundo de martelo, talhadeira, marreta e serrote. Desfaziam caverna por caverna, retirando as cavilhas de bronze. Roçavam tubarões e serras de agulhão como companheiros habituais. Conheciam todas as grutas, direção de correntes, puxos de água, restos de navios, lugares onde viviam os grandes peixes tenebrosos. Numa feita o navio "Manaus" demorou-se fora da barra porque havia caído na água três caixotes de dinheiro que iam para uma Delegacia Fiscal do norte. Julião foi chamado e mergulhou 12 braças, mar adentro, agarrado numa corda que rodava como rabo de papagaio de papel ao vento. Trouxe areia nas mãos. Nunca avistou caixote algum. Diziam que fora escamoteação para disfarçar uma habilidade. Os verdadeiros caixotes estavam bem a salvo e nunca apareceram.

O "Grão-Pará", do Lloyd Brasileiro, encalhou nos baixios de Genipabu na tarde de 9 de março de 1910. Carregava 20.000 dormentes para a Estrada Madeira-Mamoré. João Prático salvou 14.000, indo para dentro do porão do navio naufragado, retirando dormente a dormente da pilha, pondo-o em cima da corrente, dando a volta, prendendo-a na argola e fazendo sinal para que suspendessem. Quando terminou, o sangue escorria pelas narinas. Mas ficou falado como mergulhador de fama.

João Prático, João Lourenço Ferreira, era o mais velho, nascido em 18 de junho de 1852 e falecido em 20 de março de 1931. Miguelão, Miguel Lourenço Ferreira, nasceu em 6 de julho de 1854 e morreu em 10 de novembro de 1935. Julião Lourenço Ferreira, nascido em 4 de março de 1864, faleceu em 2 de junho de 1934. Todos nascidos em Rio do Fogo e falecidos em Natal.

Julião era mergulhador das Obras do Melhoramento do Porto. João Prático mergulhava avulsamente, aceitando contratos particulares para salvados. Miguelão acompanhava às vezes o irmão. Era agigantado. O pé media mais de 30 centímetros. Punha na cabeça pesos assombrosos, equilibrando-os, e caminhava desembaraçado quilômetros, tocando viola que aprendera com o pai.

Foram pescadores de jangada em Rio do Fogo antes do trabalho debaixo da água em Natal.

Em quase todos os naufrágios pela costa trabalharam mergulhando. Conheciam a história de todos os sinistros marítimos, indicando as possíveis causas, sabendo quem assaltara o navio, os primeiros furtos e se a arrematação do salvado compensara. Eram os modestos cronistas verídicos destas gestas misteriosas. Falavam da barca inglesa "Cambrion Warrion", carregada de ferro e mercadorias, indo de Liverpool para Austrália e que naufragou nos parraxos de Maracajaú na noite de 13 de junho de 1904.

Pela abundância do carregamento, desaparecido em boa parte, variedade rica de objetos, ficou sendo chamada a *barca Mamãe* porque dera leite e criara muita gente boa.

A inglesa "Grenfore" em 1907 ficara na coroa das Lavandeiras em Caiçara, embarcação poderosa em seus quatro mastros imponentes, porões cheios de *um tudo,* espalhando *whisky* escocês por toda a costa norte.

Alguns navios tinham perdido o nome. Batizavam-nos a espécie do carregamento. Assim recordavam a "barca dos machados" em Maracajaú, a "barca do querosene" em Rio do Fogo e a "barca dos mármores" em Jacumã que dera pedra branca de Carrara para as soleiras das choupanas nas praias jangadeiras do Ceará-mirim.

Conheci pessoalmente os três irmãos. Especialmente Julião que me contava os mergulhos difíceis na boca da barra, pondo a lata com dinamite debaixo das pedras no fundo do rio, metendo-lhe a espoleta e subindo para assistir à explosão. Uma vez um batelão de ferro submergiu-se com o peso das pedras que recebera em quantidade demasiada atiradas pela draga do Porto. Julião mergulhara e, dias e dias, trabalhara, soltando uma a uma as folhas de ferro, desarticulando tudo e salvou o batelão, retirado aos pedaços pelos guindastes.

* * *

Entre os pescadores há o menor índice de suicídio. Especialmente os jangadeiros têm menores tentações, ganhando menos, encarando a vida como o outro lado do mar, móbil, vago, indeciso, sem merecer confiança. A frase comum, *se Deus quiser,* explica o desenlace aos seus olhos resignados. Deus quis, Deus permitiu, seja feita a vontade de Deus.

Os suicidas são aqueles que tiveram maior contato com a cidade, com um outro nível financeiro. Desaprenderam o equilíbrio interior e esqueceram o poder da vida intensa nas almas. O que dizemos desencanto, desilusão, desânimo, pessimismo, chamam eles *perder o gosto da vida...* A imagem clareia qualquer explicação.

Mas há suicidas. Raros por amor. Inda mais raros por pressão econômica, desespero da vida cara. Há morte por desgosto, humilhação, ausência de elementos que dão forma sensível à existência, que lhe dão o sabor.

Josino, pescador de Galinhos, dono do bote "Josino", é o modelo mais expressivo. Anos e anos transportou gente de Guamaré para Galinhos até comprar uma embarcação, seu amor orgulhoso, usando-lhe o nome em letras brancas aos lados da proa. Aos domingos limpava-o, calafetando-o, repintando as tábuas, ajustando-o, esgotando água, num cuidado minucioso de namorado faceiro. Numa tarde, o sol fazendo roda para se pôr, voltando da *água do Voador,* nos escuros de maio, com trinta milheiros a bordo, o bote abriu e mergulhou lentamente. Josino, agarrado ao estai da proa, desceu com seu barco para as profundezas do mar.

* * *

Thor Heyderdahl, o "almirante" da Kon-Tiki, não era marinheiro nem técnico de oceanografia ou haliêutica, mas suas observações coincidem com as dos jangadeiros meus amigos. Insiste o norueguês no faro dos peixes muito mais desenvolvido que a visão. E que as rajadas são muitas vezes mais fortes e traiçoeiras ao longo das praias do que em alto-mar. As ondas não aumentam com a profundidade do oceano ou com a distância da terra. E a água pouco profunda, o recuo das vagas ao longo da praia ou correntes marítimas apertadas em estreito espaço e muito próximo do litoral são capazes de provocar um mar mais picado e revolto do que costuma ser ao largo.

Heyderdahl escreveu: – "Geralmente o que excita a voracidade dos tubarões é mais o cheiro do que a vista. Para prová-lo sentamo-nos com as pernas na água, e eles nadavam na nossa direção até se acharem mais ou menos a meio metro de nós, e daí pacificamente voltarem de novo suas caudas para nós. Se, porém, a água tinha manchas de sangue, poucas que fossem, o que se verificava quando tínhamos estado a escalar peixes, as nadadeiras dos tubarões se movimentavam, e eles, vindo de longe, se reuniam ali como moscas varejeiras. Se jogávamos fora tripas de tubarão, atiravam-se a elas às cegas e como que tomados de frenesi"; *A Expedição Kon-Tiki,* 125.

É talqualmente o registo dos jangadeiros que afirmam o *bater-isca,* dando com a araçanga na cabeça dos peixes guardados para isca, ser um dos mais eficientes chamarizes da pesca. O peixe vendo sangue é irresistivelmente atraído.

Mesmo nos botes de pesca durante a noite os grandes cações passam sem maior demora pela embarcação, mas se esta já guarda uma boa quantidade de pescado é infalível a reviravolta do pirata, seus giros ao derredor, sua persistência em seguir a baiteira, horas, acompanhando o cheiro do peixe que ele não pode enxergar. O cação dos vinte e cinco palmos que escudeirou Pedro Perna Santa e o obrigou a arribar no Torce-Fio, perto de Ponta Negra, vinha pelo faro unicamente, localizando a abundante pescaria que se amontoava dentro do barco.

Há gente ilustre negando a lição dos jangadeiros que Heyderdahl verificou nas solidões do Pacífico.

Opiano, poeta do segundo século depois de Cristo, publicou no ano de 180 o seu poema em cinco cantos sobre a HALIÊUTICA. No IIIº canto Opiano recomenda tostar a carne da isca para que atraia pelo odor os peixes. E que atirem na água fragmentos de queijo, migas de pão e certas plantas de forte olor. Estas observações mostram a antiguidade do reparo.

* * *

Uma das zonas tradicionais de pesca é o canal de São Roque cuja entrada é na confrontação do baixo da Cioba, no cabo do Calcanhar (05° 10' S, 35° 16' W) e findando no cabo de São Roque (05° 29' S. 35° 16' W).

É uma extensão de vinte e três milhas e nele está a ilheta ou banco de pedra chamado "Teresa Panza" (05° 24' S. 35° 18' W), a mulher de Sancho Panza, com farol inaugurado em 1940.

Aproveitando o alísio do sudeste as jangadas, especialmente das praias do norte do Estado, trazem muito peixe, abrindo a vela ao empurrão perfumado do terral que os ingleses denominam a *light land breeze*. É quase uma propriedade nordestina, salvaguardada e defendida de maior freqüência estrangeira pela desconfiança do Almirantado Inglês: *This channel is much frequented by native vessels, as they have the advantage of a smooth sea, a tidal chennel, and sheltered anchorage; it is not recommended for strangers.*

Ao redor dos baixios da Cioba, do Cação e do Rio do Fogo o peixe fervilha, vindo até o baixio de Maracajaú, nas águas tépidas e claras. Para o lado de terra, fora do canal, sempre fundo para uma jangada, beirando o litoral, vendo as praias e cabos tão falados há cem anos pelos pescadores, Touros, Carnaubinha, Gameleira, Guagiru, Coqueiros, Garças com as "pedras" assassinas onde ficou a "Ema Matilde" em junho de 1866, indo de Havana para Macau na China, levando 56 *coolis* de trancinha e leque, os primeiros que Natal viu e admirou. Perobas, Rio do Fogo com seu coqueiral, Zumbi com a barreira e a "risca" afamada, viveiro de pescado onde dorme desde janeiro de 1911 o "São Luís", orgulho da "Comércio e Navegação", o maior navio mercante da época, e o semicírculo da enseada de Pititinga, desde a foz do Punau à saliência do Caconho, subindo para Santa Cruz, o baixio Gracimbora, Maracajaú com suas safras piscosas, os grandes bancos de pedra e areia, ao lado do canal, Piracabus, Caraúbas e Passagem. Nessa área viveram e vivem grandes momentos anônimos de pescaria fácil ou áspera, escola de jangadeiros.

Aí é um outro mundo, além e aquém do canal de São Roque, para o norte, região das "urcas", Urca do Tubarão, Urca do Minhoto, Urca da Conceição, Urca da Cotia, e as "coroas" de arrecifes onde a onda se franja de espuma, "coroa da Lavandeira", por exemplo, que nunca soltou bico de proa uma vez batido em suas pedras rendadas e trovejantes. Aí abriu água o alemão "Von Roon" em 1869 e ficou em 1907 a inglesa "Grenfore", imensa como uma arca de Noé, com quatro mastros poderosos, desfeita como papelão e palha.

Não há o mar largo e livre como de Muriu para o sul, pesca de travessia, indo às Paredes, 50, 60 milhas distantes no *marzão de meu Deus*.

As urcas são os palácios dos cações, rochedos chanfrados pelas bocarras amáveis para receber as jangadas impelidas pela correnteza e jamais restituí-las.

Na pesca das "agulhas" a jangada lança um lado da rede e o "serrador", pequenina jangada, o outro, *serrando* o cerco que prenderá o peixinho esguio de platina. O "serrador", nome de jangadinha, da rede e de quem a usa, aproximando-se da boca das urcas no momento do refluxo estará irremissivelmente perdido. Quem desaparece nas urcas nunca mais será visto. Nem bóia resto dos paus engolidos pela fome velha das urcas insaciáveis. Certamente a corrente arrasta para muito além e o percurso dos detritos é sob as águas do mar. Surgirão num canto muito longe, ponto do Atlântico onde as jangadas não pescam. Fica apenas a fama da morte, acrescendo o crédito de terror ao vulto escuro da urca, batida de mar.

De São Roque ao farol de Olhos d'água do Calcanhar corre a parede do arrecife, visível ou mergulhado no mar luminoso. É o muro do canal para a banda do mar livre. Há trechos amplos e estreitos. Há depósitos de areia e barro no centro. Em certas paragens é pouco elevado no nível do preamar. Na maré-seca navega-se para lá visitando-se as lagoas e os mistérios da estranha conformação. Quando o mar reflui nas vazantes o parcel guarda os peixes nos depósitos de água como em viveiros de cristal. Nas partes de barro viscoso e compacto há sinais e vestígios alucinantes de quilhas que tivessem traçado impossíveis sulcos nos cimos daquele perigo permanente, moldurado de espumas ferventes. Há restos de armaduras de ferro de navios, troncos de mastros, emaranhado de cavernas, um confuso, fulvo e assombroso monte de formas vagas, enfeitadas de algas verdes e trêmulas, com a fértil e mirambolante ornamentação dos mariscos, mergulhado na água inquieta onde passa e repassa a sombra móbil de grandes peixes, custodiando a fauna miúda e vertiginosa das agulhas, caícos e manjubas.

Este parcel, antemural de arenito paralelo à costa, é chamado *parraxo* pelos pescadores. Denominam com títulos especiais em cada praia povoada, recebendo o batismo local, coincidente com a povoação. O parraxo do Rio do Fogo é o mais célebre e fica três milhas de distância. Aí no comum pescam ou simplesmente passeiam, explicando a arquitetura fabulosa das areias quartzosas, decomposições do carbonato de cal pela química das chuvas, como reminiscências miríficas de aventureiros misteriosos, gente encantada, veleiros de piratas com recursos mágicos e, em última instância, os holandeses. No parraxo do Rio do Fogo, com uma milha de largura, há lagoas e grutas povoadas de fantasias prestigiosas. O próprio topônimo é historiado como ponto escolhido pelos exploradores, *no tempo de Pedro Álvares Cabral*, para índice de referência na viagem de reconhecimento. Ali acendiam pela noite grandes fogueiras assinaladoras e o rio ficou sendo o *Rio do Fogo,* marcando a deriva da civilização andeja dos portugueses.

Rio do Fogo, apesar da história velhíssima, é de princípios do século XIX e seu povoador efetivo foi Gabriel Lourenço Ferreira, morto quase nonagenário nas primeiras décadas do século XX. A povoação é do seu tempo. Assim Maracajaú. Genipabu já vive desde o século XVII, praia de pesca e criação de gado para o interior. Os holandeses denominaram-na baía de Marten Thijsson, Marten Tysson no "Sommiers Discours", a "baía Tyssens" de Nieuhof, a "Marten Thijsz" de Joanes de Laet. Os portugueses chamavam-na "baía de Domingos Martins", seu possuidor, dono de rede de pesca em janeiro de 1605. Ainda no mapa de Lapie, em 1814, estava a *baía de Martins.*

Depois, a mais velha, veterana na batalha do mar, é Caiçara, *the fishing village of Caiçara,* no registro do Almirantado Inglês. Já era conhecida nas pescarias dos finais do século XVIII e em 1849 servia de ponto de referência na atividade haliêutica. Ali moravam pescadores e havia longa fila de choupanas de palha de coqueiro e carnaúba, água fria de cacimba e farto peixe. A capelinha de Sant'Antão Abade foi construída e sepultada na areia solta que o vento carregava obstinadamente. A população inteira abandonou o povoado e as dunas cobriram "Caiçara Velha". Nasceu "Caiçara Nova", adiante na praia, perto da pancada do mar, retomando o reinado do "voador", fazendo jangadas, animando o viver dos jangadeiros.

* * *

Um "paquete" (Natal). — Gentileza de J. Alves de Melo

Na primeira década do século XVII os portos de pescaria no Rio Grande do Norte alcançavam a foz do Guaju, lindeiro com a Paraíba, onde Agostinho Pereira tinha rede em julho de 1606, até o rio Boixununguape, o Maxaranguape dos nossos dias, posse de Nicolau Vazelim em fevereiro de 1605. João Seremenho estendia suas redes em dois postos ao sul e ao norte do Rio Pirangi talqualmente hoje e José do Porto gozava do pescado em Natal, na foz do Ceará-mirim, na Redinha-de-dentro, olhando o forte dos Reis Magos onde os soldados arrastavam a rede do arrecife para o *riacho primeiro,* sumido no areião da Limpa, fazendo quase inveja ao reverendo vigário Gaspar Gonçalves da Rocha que perdera sua propriedade para o Escrivão da Real Fazenda, Pero Vaz Pinto, dono do *ho melhor porto de pescaria que aquy ha e que está deante da fortaleza,* como rezava a nota de 1614. Os maiores portos estavam ao redor da foz do Ceará-mirim e junto do desaparecido riacho Conaputu-mirim na praia de Muriu, município do Ceará-mirim. São dezessete datas de terra referentes à pescaria antes de 1614.

Para o norte pulariam nas vagas canoas e jangadas.

Já em 20 de agosto de 1605 Jerônimo d'Albuquerque doara a Antônio e Matias d'Albuquerque, seus filhos, *huas salinas que estão corenta leguoas daquy para a banda do norte* e que deviam ser na futura Macau, ainda virgem de batismo. Citava-se em 26 de agosto de 1608 uma data de terra de Manoel de Abreu, "duas léguas de terra por costa, comesando da ponta *a que chamão Pequitingua",* a nossa Pititinga, nome do peixinho. Este topônimo denunciará o conhecimento e uso da pesca. Pititinga ou Piquitinga é a *Menidia brasiliensis,* Cuv. & Val, *Piquitinins,* de Gabriel Soares de Souza, *Pititinga,* de Marcgrav, a *Pikiti* amazônica, de Tastevin; *de pi-ti-tinga,* pele alva-alva, alvíssima, uma sardinha prateada e gostosa. *Piqui* vale peixinho e *tinga,* branco, Pequitinga, peixinho branco. O nome bastará para fixar a presença indígena na região, pescando as pititingas.

Daí até a extrema do Rio Grande do Norte com o Ceará é zona de pescaria antiga. Em dezembro de 1810 Henry Koster viajando pelas praias, do Tibaú ao Acarati, encontra cabanas de pescadores e mesmo uma casa para preparar o pescado, construída no alto, aberta ao vento.

A toponímia testifica esta presença pelo litoral, cabo do Tubarão, Pititinga, Jacumã, Papari, *Upa-pari,* a lagoa-do-pari, Camorupim, tantos outros nomes de evidência, pedras da Cioba, do Cação, do Tubarão, Risca das Bicudas...

* * *

As "invenções" das proezas jangadeiras ganham este demérito pela ausência de verificação. Dará muito trabalho, desinteressado e gratuito, procurar a identificação no tempo e espaço da narrativa contada num domingo alegre de confidência.

Uma história tradicional é de ter uma jangada encontrado nas alturas de Macau, há muito tempo, um bote com náufragos, semimortos de fome e sede, cujo navio se perdera nas Rocas. O jangadeiro dera sua cabaça e barril de aguada e o comandante chorara, abraçando-o e bebendo água fresca e doce. Como garantir a autenticidade?

Foi, entretanto, fato verídico. A barca inglesa "Countess of Zetland", comandada pelo capitão John Hale Hanibal, naufragou nas Rocas na madrugada de 27 de agosto de 1855.[2] Deixou o atol em 2 de setembro com um bote e uma lancha. Logo depois o bote afundou-se e tripulação e passageiros comprimiram-se na única embarcação, fazendo água e três homens ocupados no esgotamento. Escreve o comandante: "Navegamos toda esta tarde e noite, com tempo e vento bom e mar brando; na segunda-feira (4 de setembro) rizamos a vela, por haver refrescado em demasia o vento, e já não havendo água nem mantimentos, estando a gente bastante fadigada, eis quando avistamos a terra, bem como uma jangada, a qual nos levou para ela, onde saciamos a fome com peixe e farinha, guiando-nos depois para Macau do Assu, lugar em que fomos grandemente obsequiados, e bem tratados durante o tempo que ali estivemos".

Não era "invenção" a conversa de mestre Filó e de mestre Manoel Claudino. Há apenas uma discordância. O comandante inglês fala que avistou terra e então a jangada. A tradição é que a terra estava encoberta e a jangada foi a salvação, dando alimento e rumo.

* * *

O lugar irradiante de tradições e de mistério, a terra encantada, o mais alto centro de interesse para os jangadeiros é a ilha das Rocas (3° 51' 30" sul, de latitude; 33° 49' 29" oeste, de longitude), perdida no mar, a 144 milhas de distância de Natal. É um trabalho silencioso de pólipos, o atol típico onde as vagas rebentam furiosas e há uma lagoa verde e cintilante em

---

2   Comandante Osmar Almeida de Azevedo Rodrigues, "O atol das Rocas", 8-9 segs. da "Revista Marítima Brasileira", maio-junho, 1940.

forma de anel no meio daquela coroa de rochas ameaçando mergulhar e desaparecer na imensidão atlântica.

Vinte navios espalharam seus ossos na solidão sonora. Depois de mais de um século de teima em replantio um coqueiro obstinado balança as palmas tristes na tarde lenta. Outrora o faroleiro e sua família quase morrem de fome e sede. Hoje o farol tem a célula solar que dispensa a vigilância humana. Quando a noite cai e a temperatura baixa a luz aparece, infalível, indicando as pedras matadoras de barcos, em cem anos de emboscada.

Mas é a região espantosa de pesca. Infinita, inesgotável inaudita de pescado, crustáceos, polvos. As jangadas não podem alcançar o atol. Muitos pescadores lá foram em navios pesqueiros e mesmo em barcos menores e atrevidos. E Rocas ficou espalhando a fama miraculosa de uma abundância fenomenal. Os primeiros que foram ao atol tiveram o prestígio de veteranos, de marinheiros completos, embora nunca se soubesse de que constara sua participação na viagem e trabalho. Tinham ido às Rocas! Era como, Deus perdoe, um Cruzado evocando a marcha e conquista de Jerusalém.

Não sei desde quando conheceram Rocas, mas as idas mais freqüentes são ao derredor de 1910. Teriam, em fins do século XIX, alguns visto a rebentação tonitroante na praia rasa e colhido a multidão de peixes fáceis. Certo é que na Cidade do Natal havia, desde fins do século passado, um bairro de pescadores denominado ROCAS. Era inicialmente residência única de homens do mar, casinhas de palha e raras de taipa espalhadas na areia dos morros. Depois de 1902 os operários das Obras do Porto fixaram-se nas Rocas pela proximidade do serviço. Na enchente da maré Rocas ficava completamente isolada. Parecia uma ilha. Quando lhe mudaram o nome para Anchieta ninguém obedeceu. Hoje é bairro populoso e comum, cortado de ruas, o lamaçal aterrado, iluminado e ruidoso. Os pescadores foram empurrados para longe. É lá que está o Canto do Mangue onde abicam as canoas da pesca diária. Dizem que o batismo nasceu das recordações miríficas da verdadeira Rocas, rodeada de peixes e lavada de ondas.

* * *

Uma confidência quase geral é a existência da música no mar. Não apenas sons identificáveis de determinados instrumentos, mas melodia concordante e audível inesquecível de beleza. Mas é sempre música perpetuamente inédita. Nem antes nem depois ouviram harmonia semelhante.

Será que o mar, em certas condições de aquecimento e pressão pode receber e transmitir trechos musicais à distância maior? Será que ventos e altura e volume de vagas possam produzir sonoridade ordenadas, frases musicais legítimas? Navio ao longe, mesmo não percebido, explicará o fenômeno? Raro será o pescador que não tenha uma estória para contar na espécie. E se derrama por todas as praias.

"Disse-me o faroleiro Saraiva que em Rocas, de vez em quando, ouvia-se uma música muito longínqua e melodiosa. Ele e a família ficavam horas a fio escutando a misteriosa orquestra" (Olavo Dantas, "Sob o céu dos trópicos", 120). Não apenas no litoral ocorre mas igualmente nas ilhas Rocas e Fernando de Noronha.

* * *

Quando a ilha de Fernando de Noronha era presídio os setenciados viviam planejando fugas inacreditáveis e reais. Reuniam-se, deliberavam, ficavam meses e anos organizando a evasão, reunindo elementos para possibilitá-la. O transporte único era a jangada. Rara a cumplicidade de um jangadeiro pescador. Na ilha há o mulungu, macio e leve substituto do pau de jangada. Milagres de paciência, atrevimento e habilidade para cortar o mulungu, aplainá-lo e fazer a jangada. Escondê-la, arranjar víveres, dispor de hora oportuna e fazer-se ao mar, o mar sempre agitado e bravio de Fernando de Noronha. Vez por outra uma jangada com dois e três presos arribava numa praia ao norte de Natal, alturas de Macau ou Mossoró ou no litoral do Ceará, faminitos, esgotados, exaustos. Estavam livres em maioria absoluta. A percentagem do êxito era animadora. Metiam-se pelo sertão, dizendo-se náufragos, e ficavam tranqüilos. Muitos casavam e eram grandes trabalhadores, morigerados e esquecidos das diabruras anteriores. O rádio acabou praticamente, nos últimos anos do presídio, com a felicidade da escapula. Todos os povoados praieiros ficavam avisados e as patrulhas corriam beira-mar catando os recém-chegados sem justificativa impecável.

Houve tragédias impressionantes. Jangadas trazendo apenas cadáveres. Jangadas com um único tripulante, semilouco, gaguejando a história espantosa da morte pela fome e sede e os tubarões rasgando o corpo dos companheiros mortos, espalhando sangue no mar. Jangadas inteiramente vazias, boiando, sem vela, sem víveres, sem a cabaça d'água.

O jangadeiro tem um nome para este evadido. Chama-o apenas *o desgraçado*. O homem-sem-graça, graça de Deus, merece piedade. Encontrando a jangada fugitiva no alto-mar, nunca lhe negou comida, água e rumo. Nunca houve jangadeiro para delatar o paradeiro destes egressos de Fernando de Noronha. Bastava sua desgraça. Mas também não os acolhia. Fugir de Fernando não era recomendação. Lá estavam os assassinos e os ladrões. Assassinos sem bravura e sem razão de defesa. Acima de tudo há o horror ao ladrão. Habituados, como os indígenas, a possuir apenas os instrumentos de trabalho e ajudar os companheiros com o produto do dia, tem este solidarismo como afirmação voluntária embora tradicionalmente obrigatória. A violação ao fruto do seu esforço, custoso e terrível, parece-lhe indefensável e repugnante. *Peça mas não tire,* dizem todos.

O evadido de Fernando, no mar, era humanamente um companheiro esfomeado, sedento e perdido. Devia levar-lhe seu auxílio. E nunca o negou.

* * *

Naturalmente o jangadeiro, como todos os pescadores e marinheiros do mundo, acredita no Navio Fantasma. Uns acreditam ser uma abusão mas afirmam a existência. *Yo no creo em las brujas pero que las hay, las hay...* Outros viram. Contam o encontro e descrevem como o enxergaram *com estes olhos que a terra há de comer.*

Em Jericoacuara, distrito de Aracati no Ceará, há o iate azul. Olavo Dantas fixou-o:

> "Em Jericoacuara, no Ceará, diziam-me os pescadores que por vezes fundeava, em frente à ponta que dá nome à povoação, um lindo iate azul, vindo do alto-mar. Pela noite em fora, tocavam árias suavíssimas que eram ouvidas a grande distância. Muitas vezes ouvindo os sons daquelas recônditas melodias, corriam eles para a praia porque o iate não demorava a aparecer nos longes do horizonte. Se, acaso, alguém se avizinhava curiosamente no navio, ele desaparecia logo envolto em densa névoa. Só fundeava quando o sol se escondia por trás dos cerros e das dunas. Pela manhã ninguém mais o avistava. O iate se sumia sempre nas sombras de um cerrado mistério."

Para a Amazônia o Navio Fantasma convergiu para o ciclo temático da Boiúna, a Cobra Grande onipotente, transformada em galera ou transatlântico.

Raimundo Moraes, "Na Planície Amazônica", 83-86, Manaus, 1926, informa:

> "Nos quartos minguantes, quando a lua recorda um batel de prata, logo depois das doze badaladas, a boiúna reponta nos moldes bizarros duma galera encantada,

guinda alta, velas pandas, singrando e cruzando silenciosamente as baías. O passo desse navio macabro é feito de mil despojos fúnebres. A giba, o sobre de proa, a sobregrande, a sobregatinha, a bujarrona, o velacho, o traquete, a gávea, o joanete, a rebeca são camisas, véus, lençóis, mortalhas, sambenitos remendados, costurados, serzidos, sinistro sudário de milhões de covas; os mastros, as vergas, as caranguejas são tíbias, fêmures, costelas de esqueletos fugidos das campas; as borlas dos topos são caveiras amarelas de pescadores impenitentes; os estais, as enxárcias, as adriças, os brandais são cabelos de defuntos roubados por Satanás. E sobre tudo uma linha azulada de fogo, santelmo ou fátuo, que recorta ao calor mortiço de chamas funéreas, a árvore da embarcação levantada para a fuligem escura do céu. Veleira, deitada na bolina sobre uma das amuras, querena ao léu, ninguém a pega. Sempre que algum temerário a persegue, na insistência curiosa das investidas arriscadas, a galerafantasma colhe as asas de grande ave bravia, orça, muda de rumo, e, voando com rapidez do albatroz, deixa na esteira alva de espuma lampejante do enxofre luciferiano. É uma visão provinda com certeza do seio ígneo de Plutão. Quem a vê fica cego, quem a ouve fica surdo, quem a segue fica louco.

A boiúna, entretanto, ainda toma outras formas. Se engana a humanidade mascarada de navio de vela, também a engana no vulto de transatlântico. Em noites calmas, quando a abóbada celeste representa soturna e côncava lousa preta, sem estrelas que pisquem para a terra, e a natureza parece dormir exausta, rompe a solidão o ruído de um vapor que vem. Percebe-se ao longe a mancha escura precedida pelo marulho cachoante no patilhão. Seguidamente destacam-se as duas luzes brancas dos mastros, a vermelha de bombordo e a verde de boreste. Sobre a chaminé, grossa como uma torre, vivo penacho de fumo, que se enrola na vertigem dos turbilhões moleculares, estendendo-se pela popa afora na figura dum cometa negro. Momentos depois já se escuta o barulho nítido das máquinas, o bater fofo das palhetas, o badalar metálico do sino, o conjunto, em suma, dos rumores nascidos das usinas flutuantes que são as naves marinhas do século XX. Em terra, sobre o trapiche, à luz vacilante de uma lamparina de querosene, alguns indivíduos discutem a propriedade do *steam*: – 'É do Lloyd, é da Booth, é da Lamport, é da Italiana'. Por fim o desconhecido vaso se aproxima recoberto de focos elétricos, polvilhado de poeira luminosa, como se uma chuva de pirilampos caísse sobre um marsupial imenso dos idos préhistóricos. Diminui a marcha, tem um escaler da amurada pendurado nos turcos e o chicote duma espia pendente da castanha da prova. O telégrafo retine, mandando atrás a fim de quebrar o fraco seguimento, e uma voz clara, do passadiço para o castelo de vante, ordena: – 'Larga!' A âncora num choque surdo e espadanante toca nágua, a amarra corre furiosa pelo escovém, e a mesma voz, estentórica, novamente domina: 'Agüenta!' Como diz o filame? 'De lançante', respondem. 'Arria só 45 e dá volta'. Em seguida ressoa o sinal de pronto para a casa das máquinas e tudo cai de súbito no silêncio tumular das necrópoles.

As pessoas que se achavam na margem resolvem, neste ínterim, ir a bordo. 'Com certeza é lenha que o vapor precisa', comentam. Embarcam numa das montarias do porto e seguem gracejando, picando a remada, brincando. Mal se avizinham do clarão que circunda o paquete e tudo desaparece engolido, afundado na voragem. Fauce gigantesca tragou singularmente o majestoso transatlântico. Asas de morcego vibram no ar, pios de coruja se entrecruzam, e um assobio fino, sinistro, que entra pela alma, corta o espaço deixando os caboclos aterrados de pavor, batendo o queixo de frio. Examinam aflitos a escuridão em redor, entreolham-se sem fala, gelados de medo, e volvem à beirada tiritando de febre, assombrados. Foi a boiúna, a cobra grande, a mãe d'água que criou tudo aquilo, alucinando naquele horrível pesadelo as pobres criaturas."

Para nós do nordeste não existe a Cobra Grande e o Navio Fantasma mantém sua característica de barco de velas amplas, dois a três mastros, navegando garbosamente com todo velame aberto ao vento. Bruscamente desaparece. Vêem-no de dia, todo branco e veloz, ou de noite, iluminado lindamente, com reflexos azulados de surpreendente efeito na memória dos pescadores. Uns ouvem música, sempre de instrumentos de corda. Vem cortando água, com ou sem vento de feição, os mastros com vergas, na ré a carangueja com uma latina triangular e na proa giba, bujarrona e vela de estai, tremendo ao terral manso. Nunca enxergam a tripulação. Uns lembram que o navio vem profusamente enfeitado com bandeiras. Bandeiras de países? Não precisam. Bandeiras de todas as cores e formatos.

Pode apresentar aspecto militar. O velho pescador Antônio Patrício, falecido com uns noventa anos, ainda rapaz, viu no cabo de São Roque uma grande barca, de velas enfunadas, ouvindo toques de clarins e rufos de tambor. Pensou tratar-se de alguma nau de guerra e tentou aproximar-se. A barca dissipou-se como uma neblina. Já velho, Antônio Patrício pescava no mesmo local e voltou a rever a barca imponente, com seus clarins e tambores bélicos. Sabendo ser uma coisa encantada, baixou a vista. Quando olhou, a barca desaparecera...

Mestre Filó pescava uma noite na altura de Ponta Negra e bem distante dele mas à sua vista pescava Francisco Camarão. Súbito surgiu um navio de vela, todo iluminado e veloz como o pensamento. Vinha em reta na direção de mestre Filó, como disposto a cortá-lo meio a meio. Mestre Filó manobrou imediatamente para livrar-se mas o navio, sem que mudasse de rumo, parecia continuar a persegui-lo. Naquela agonia, mestre Filó reparou que Francisco Camarão fazia manobras idênticas como se tentasse escapar da morte iminente. Quase uma hora lutaram os dois pescadores, um para cada lado, e o navio voando para eles. De repente sumiu-se em cima das ondas como uma fumaça. Mestre Filó e Francisco Camarão trouxeram as embarcações para perto e comentaram o feito. Todos os dois afirmavam que o navio *vinha feito* em cima da respectiva jangada. Era o Navio Fantasma. Não se discute.

Manoel Reinaldo, pescador de Muriu, era homem de coragem. Fez parte da guarnição da "Pinta", a canoa de pesca que foi ao Rio de Janeiro em 1922. Só tinha medo dos castigos de Deus. Uma tarde pescava no largo de Pititinga quando viu um navio de vela, ligeiro e bonito, que vinha vindo no seu rumo. Virou o leme, puxou a escota e fez-se de banda. O navio flexava como de pontaria. Assim lutou muito tempo, enfim convenceu-se de que estava perdido e a jangada seria partida pela proa do navio. Realmente o barco não se desviou e atravessou a jangada, bem pelo centro. Manuel Reinaldo viu a proa varar a mimbura e todo corpo da nau passar em cima de sua jangada sem que lhe causasse o menor mal. Só atinou que o navio passara através de sua embarcação quando o viu pela popa, seguindo silencioso e veloz e desaparecendo sem rastro. Sentira apenas uma espécie de *bafo quente,* como vapor de chaleira. Nada mais.

Pela praia de Areia Preta ainda perdura a história de Gangão, morto por volta de 1940.

Era pescador do Canto do Mangue, baixo, preto, forte, mestre de linha e de trasmalho, sabedor dos segredos do "caminho" e "assento" onde estavam os pesqueiros velhos e quando o peixe desce, faiscando nas piracemas, para a pancada do mar.

Era um admirador fiel de João Café Filho, seu inseparável nas batalhas dos sindicatos, ficando rouco de vivá-lo nas horas difíceis. Quando Café Filho teve uma de suas vitórias eleitorais, Gangão comprou a transvaliana mais volumosa que encontrou e, no entusiasmo doido, acendeu-a na palma da mão. A bomba rebentou antes do tempo e os dedos de Gangão foram encontrados nas camboas no outro lado do Potengi. Ficou bom apenas com o braço findando em mão sem dedos. Não perdera a ciência da pesca e a devoção do mar.

Sujeito aos ataques epileptiformes, Gangão, sentindo a aproximação da aura, amarrava-se, mar alto, nos espeques de sua baiteira, prendendo o braço na cana do leme. Sem sentidos, a baiteira vogava guiada pela mão imóvel do piloto desmaiado.

Grande pescador solitário, Gangão foi para a linha-do-mar, lá fora, na baiteira fiel. Vários botes e jangadas passavam-lhe perto, gritando pilhérias e desafios para a corrida. Gangão veio vindo e rumou para a Praia do Meio que ele sempre chamava "Morcego", o velho nome tradicional. Sentiu a aproximação do desmaio. Amarrou-se cuidadosamente. Prendeu a cana do leme ao pulso e esperou a viagem dos sentidos.

Escureceu e os pescadores de Areia Preta viram a baiteira bordejando. Vinha até Morcego e virava de bordo, ganhando o alto na mudança da viração. Rumou Areia Preta mas evitou os recifes e retornou para o largo. Finalmente virou e veio, ponteira, encalhar na ponta da Mãe Luíza, embaixo, nas pedras escuras. Era noite. Os pescadores foram procurar. Encontraram o bote virado, adernado, cheio d'água. Gangão amarrado pilotava ainda sua baiteira na derradeira viagem. Os pescadores do Canto do Mangue chegaram correndo. Entre eles Benjamim, mano de Gangão, e que desapareceria no mar durante a última guerra. Gangão foi levado para encomendação e enterro no cemitério do Alecrim.

Mas voltou. Todos os pescadores falam deste regresso assombroso.

Em certas noites, sexta-feira havendo luar, a baiteira larga da praia de Mãe Luíza, enfunada a vela branca triangular, e faz-se ao vento.

Os pescadores encontram a embarcação veloz bem longe, invencível. Com as últimas estrelas some-se no ar, à flor das ondas vivas. Mas os pescadores sabem que, imóvel, pagando penitência, Gangão está na cama do leme, guiando a baiteira fantástica nos mares do Céu.

Antônio Alves, sogro de Perna Santa, pescador velho e tostado por meio século de sol e mar, pescava nas águas do sul, altura de Pirangi e Búzios, quando avistou uma jangada, pano tremendo ao sopro do terral, dando fundo, saçangando os pesqueiros além das "riscas". Indo na sua direção navegou muito tempo sem que a outra jangada ficasse mais perto. O vento de terra ajudava e sua embarcação pulava de vaga em vaga, furando onda, lavada de espumas, varando o mar. A jangada além parecia imóvel e sem sair do canto. Escota quase largada na mão, remo de governo no prumo, vela bojuda e côncava pelo terral ponteiro, Antônio Alves procurou debalde aproximar-se do outro pescador, invisível atrás do pano distante. O mar estava calmo como um espelho. Alando um pouco a escota Antônio Alves desviou a vista e quando olhou a vastidão azul nada mais viu além das ondas. A outra jangada desaparecera. Era "encantada", indubitavelmente.

Voltando da pesca, tardinha, as jangadas vêm apostando carreira, ver quem encalha primeiro na praia. Os mestres, remo de governo na mão, escota no punho, dão impulso. Proeiros e Bicos de Proa gritam, entusiasmados, apostrofando os concorrentes aos berros de animação.

Numa tarde o mesmo Antônio Alves voltava para Ponta Negra quando viu uma jangada na sua frente. Lançou-se na corrida para vencê-la. Não reconheceu a embarcação, embora fosse ficando mais próximo. Sua jangada era veleira e vinha como flecha, como toninha na vadiação. Perto de emparelhar, pega-não-pega, a outra jangada sumiu na vista como uma pouco de fumaça. Antônio Alves estremeceu e benzeu-se. Mistério do mar, jangada fantasma, assombração do entardecer...

* * *

Os nossos pescadores sabem falar dos peixes, vida, costumes, predileções e manias. Conhecem as tradições velhas e as famas de cada espécie. Não tiveram ocasião de bater-se com os grandes cetáceos, outrora passeantes na linha das praias, olhando o coqueiral e brincando como gigantes de bom humor, aos pulos de toneladas e aos esguinchos de quinze metros, entre as vagas azuis e calmas do verão atlântico.

Não podem eles, como Herman Melville, conversar sobre uma Moby Dick, a grande baleia branca invencível mas dizem, horas e horas, da existência dos enormes cações, arabaianas, cirigados, dentões, dourados, agulhões de serra, espadartes ornamentais, bicudos ferozes, os voadores com as asas imóveis de onda em onda, a variedade assombrosa dos tubarões, a toninha dominadora, o galo do alto difícil, vinte outros motivos de evocação demorada e saborosa.

Está-nos faltando a dedicação romântica de um Henry Williamson para divulgar a vida miúda e grande dos peixes do mar, como ele espalhou o encanto de "Salar the Salmon" ou de "Tarka the Otter". É um mundo poderoso e convulso que seduziria um observador. Nas "safras", por ocasião da passagem dos cardumes, tainhas, albacoras, voadores, agulhas, há verdadeiros romances, lutas, alianças, sacrifícios, vitórias, fugas espetaculares. Os pescadores chamam as "águas" ao tempo das piracemas, "água do voador", "água das albacoras", "água das taínhas", "água das agulhas". Por este tempo os temas são surpreendentes, inesperados, imensos de ferocidade natural e de inteligência obscura.

Nas pescarias praieiras, nas redes que se estendem ao longo da costa, juntando dezenas de homens e uma multidão policolor de meninos ágeis, ergue-se na areia o girau, plataforma sobre estacas rudes, e lá em cima o Arrais, o mestre da visão, sabendo ver e acompanhar sob água transparente e trêmula a mancha dos cardumes itinerantes. E, sem falar, o Arrais guia o lanço da rede, fechando o cerco, agitando os braços, riscando no ar a móbil coordenada geográfica da piracema fugitiva. Ele vê a disposição estratégica da massa escura ou clara que se desloca sob a onda viva. O grosso do cardume é precedido por um grande grupo de batedores, os primeiros sacrificados mas também os defensores da espécie, batalhões nadando em forma de leque, os guias da família imensa que emigra para as funções da desova, abrindo caminho debaixo das vagas transparentes. Por último, no coice, fechando a retaguarda, a coluna de defesa posterior, em semicírculo, protegendo a retirada do grande exército silencioso.

* * *

O Dr. Carl Friedr. Phil. von Martius, escrevendo em 1817, é o primeiro a ligar a profissão dos pescadores ao pauperismo. Informa ele:

> *Parece que o uso do peixe aumenta ou está sempre em relação com a preguiça, com a pobreza, assim como com o estado doentio do povo; ao menos, em toda a nossa viagem, existia maior miséria, onde os habitantes se alimentavam exclusivamente de peixe;* VIAGEM PELO BRASIL, I, 103.

Podia ter melhor deduzido que a miséria decorria do primitivismo da aparelhagem e não da espécie profissional. A quase nenhuma margem de saldo financeiro, ausência da propriedade da embarcação, o próprio equilíbrio das necessidades, reduzidas pela tradição ao mínimo de despesas, o espírito extremamente conservador, explicariam o lado econômico e social deste conformismo. Ocorre semelhantemente, durante séculos, com os pescadores da Bretanha e os das ilhas inglesas da Mancha e Mar do Norte. Difícil ajustar a preguiça aos jangadeiros e menos aos consumidores de peixe, japoneses em sua totalidade ou escandinavos em boa percentagem. Os comedores de arenques, bacalhaus e salmões escapam logicamente à classe displicente aberta por von Martius para fixar a simplicidade das existências de pescadores. Estão vivendo dentro de uma concepção espiritual e psicológica secular e sua elevação aos demais planos se operará pelo estímulo dos próximos ambientes num processo seguro e contaminante de endosmose e nunca pela exosmose individual ou grupal.

Esta mesma rusticidade primitiva e satisfeita, ausência de conforto relativo às próprias posses, vida simples e com os mais singelos elementos de agasalho, estava nos grandes proprietários rurais de outrora, visitados pelos viajantes estrangeiros nas primeiras décadas do século XIX. É a surpresa do inglês Henry Koster, do alemão Wied-Neuwied, do francês Saint-Hilaire, hospedados nas residências dos ricos fazendeiros, donos de escravarias e de terras do tamanho de países europeus.

Não se calculará da resistência, afoiteza e arrojo pessoais do vaqueiro que encontramos na sua rede amarrada aos esteios da latada sertaneja ou do jangadeiro deitado na areia branca e fria da caiçara. É preciso vê-los em ação. Dando campo aos novilhos nos carrascais enovelados de mandacarus ou enfrentando a tempestade em cima dos seis paus na crista da vaga furiosa.

Nenhuma preguiça existe nestes homens "permanentemente fatigados", como dizia Euclides da Cunha do jagunço baiano, antes da oportunidade do heroísmo profissional.

* * *

Casam cedo. Para casar é preciso ter casa, de palha ou taipa mas casa própria, erguida em terreno da Prefeitura, com ou sem licença. Quem casa, quer casa, bem longe da casa em que casa, era axioma seguido.

Erguia-se sempre em forma retangular. Dividida por duas paredes de folhas de coqueiro, interiormente. O primeiro terço era a sala de estar, com um banco sólido, depósito de coisas aparentemente disparatadas mas indispensáveis. Aí conversava-se com *os de fora.* Um corredor angustioso leva à cozinha, sala de refeição na esteira de carnaúba. O quarto, camarinha, entre um e outro aposento. Rede no comum e uma cama de varas, com coberta de baeta, disfarçando a dureza granítica. Ali nasciam gerações sólidas e destemidas. Fogão de trempe, as três pedras encardidas de fuligem, sustentam a panela bojuda do cozinhado. Nada frito senão em casas de recursos. Raros assados, exceto carne, lingüiça ou peixe na grelha, ajeitada sobre o braseiro vermelho. Muita farinha. Rapadura para adoçar a boca e, raspada outrora, era o açúcar do café. Bebia-se muito café em tigelas. A única colher estanhada mexia a todos, eficazmente. Agora bebe-se muito pouco. Café é ouro, caríssimo e ruim, misturado com mangirioba, com milho torrado, dando infusão de mau cheiro que nenhum doce esconde a diferença do antigo e perdido sabor, habitual e barato, do tempo velho. Pouca verdura e coco permanente para condimentar, o leite de coco para escabeche com cebola e coentro. Pratos fundos. Poucos garfos. Muitas colheres e duas ou três facas. No comum, a mão era o melhor e mais legítimo dos talheres. Tirava-se o taco de peixe com o polegar, indicador e médio, unidos em torquês. Assim comiam duques, príncipes e reis na Idade Média. A divisão era sempre feita pela dona da casa, pondo nos pratos já calculados de farinha, a posta fervida e fumegante e o caldo, grosso, rescendendo. Com ele fazia farófia ou pirão, conforme o gosto, o comensal.

A dona fazia renda e depois de temperar a comida deixava a filha mais crescida *tomando conta,* aprendendo, vigiando o irmão menor, brigando com os outros, fazendo seu curso doméstico de futura responsabilidade quando tivesse casa.

Muitos filhos. Um, cada nove meses. Mais da metade morria antes de um ano. Dentição. Diarréia. Espasmos. *Uma coisa que deu nele.* Remédio constituindo a farmácia caseira, arnica. No mais, folhas e raízes para chás, purgantes e garrafadas. Falhando, promessas e resignação. Deus quis. *Mactub.*

O pescador, como vaqueiro, tem na profissão o exercício da liberdade individual. Não está articulado num mecanismo social em que seu esforço se exerça mecanicamente, no ritmo monótono da rotina. Tem o livre direito da escolha do dia de pesca, do caminho, do local, do trabalho, das mudanças na zona dos pesqueiros, do horário em que sua energia se empregará. O solidarismo não anula e antes reforça sua incomprimível personalidade. Daí a obstinação com que defende o que julga ser propriedade e uso de sua pessoa, mental e material.

Por toda campanha contra a escravidão o pescador foi um elemento de simpatia abolicionista ou ostensivamente ligado aos que combatiam a continuação do escravo no Brasil.

Grandes auxiliares do Clube do Cupim no Recife foram pescadores, jangadeiros e barcaceiros. Transportavam os escravos fugidos ou enviados, do Recife, Paraíba e Natal para Mossoró que se liberara em 1883 e para o Ceará livre. Escondiam o segredo como de interesse próprio. Inútil a promessa de prêmios em dinheiro para obter a delação. Os escravos alcançando as embarcações estavam realmente livres. A tripulação constituía sua guarda pessoal.

Compreende-se que a sociedade fundada em Areia Branca em 10 de outubro de 1883 por Almino Álvares Afonso e Libânio da Costa Pinheiro, que foi o presidente, tivesse o título reboante de "Sociedade Interservil dos Trabalhadores do Mar". Mossoró alforriara o último escravo em 30 de setembro do mesmo ano. Uma boa parte dos escravos levados do Recife ia pela "Juriquiti" de que era mestre Joaquim Honório da Silveira, falecido na capital pernambucana em 30 de maio de 1900. A "Juriquiti" foi a pique na barra de Natal em outubro de 1892. Dezenas e dezenas de escravos tiveram na "Juriquiti" o símbolo da liberdade total.

Joaquim Honório residia em Macau, foi o portador de um pedido de "habeas-corpus" em dezembro de 1887 para escravos ilegalmente presos em Natal. Voltou em 3 de janeiro de 1888 com a ordem impetrada. Recebeu a primeira manifestação pública dos abolicionistas, a maior de que há notícia, na capital da província. Era, juridicamente, a vitória inicial para os natalenses. A rapidez da viagem, oito dias contando com a demora processual em Fortaleza, levou os abolicionistas ao delírio.

A participação dos pescadores norte-rio-grandenses foi através de suas barcaças, botes e baiteiras. No Ceará foi o jangadeiro.

A praia ampla e nua de Fortaleza recebe a onda vinda do largo quase sem obstáculos. Os desembarques eram difíceis e a jangada indispensável por ser a única capaz de resistir à violência das vagas.

Até que, quase em nossos dias, Fortaleza possuísse o seu cais, os navios entregavam os passageiros às jangadas, tentando abicar na areia da costa através dos vagalhões furiosos.

Elizabeth Cary Agassiz descreve sua chegada a Fortaleza em 31 de março de 1866:

"Chegamos ao porto do Ceará, sábado, 31 de março, às duas horas, e contávamos desembarcar imediatamente. O mar, porém, estava muito forte, a maré, contrária, e, durante todo decorrer do dia, nenhuma jangada, essa singular embarcação que faz as vezes de canoa, se aventurou a chegar perto do nosso navio sacudido pela ressaca. Ceará não tem cais de desembarque e o mar se quebra violentamente de encontro à areia da praia que se estende em frente da cidade. Essa circunstância torna a atracação impossível para as embarcações durante o mau tempo ou durante certas fases da maré. Somente as jangadas ("catamarans") podem arrostar as ondas que sobre elas passam sem afundá-las." VIAGEM AO BRASIL, 529-530.

Além da pesca, a jangada cearense possuía o prestígio citadino como elemento indispensável para o acesso à capital da província. As jangadas de outras cidades a beira-mar não tinham este ofício, substituídas pelos botes e baiteiras. Tiveram os jangadeiros de Fortaleza a mesma importância local dos nossos *boteiros* e *catraeiros* em Natal e, decorrentemente, popularidade e conhecimento na massa da população da cidade, acima do título de pescador que não lhes daria o sentido tão próximo de uma presença sensível porque não vendem eles diretamente o produto da pesca e sim os peixeiros.

Passageiros descendo em Fortaleza não esqueciam a fisionomia dos jangadeiros transportados de suas pessoas e bagagens. Herbert H. Smith, em dezembro de 1878, fixa, grave e secamente: *Ships anchored in the open road-stead; freight was carried in lighters, and passengers and luggage on jangadas,* "Brazil, The Amazons and the Coast" 405, New York, 1879.

Já em 26 de outubro de 1811 o Juiz de Fora de Fortaleza, José da Cruz Ferreira, tentara organizar os jangadeiros em corporação com um cabo, nomeando Antônio Raimundo do Nascimento para este cargo. A regulamentação, determinando obrigatoriedade da pesca diária, divisão do pescado, estava fadada a desaparecer mas denunciava o jangadeiro como força viva social.

Em plena campanha abolicionista os jangadeiros de Fortaleza, em 30 de janeiro de 1881, chefiados por Antônio Napoleão e Francisco José do Nascimento, prático da barra e cognominado "Dragão do Mar", recusaram-se a embarcar escravos pelo porto. *"No porto do Ceará não se embarcam mais escravos!"* E cumpriram fielmente a consigna. O "Dragão do Mar" viajou para o Rio de Janeiro em março de 1884 e recebeu festas apoteóticas dos cariocas, medalhas, discursos, diplomas, poemas, aclamações. A jangada, que tinha o nome de "Liberdade" foi carregada triunfalmente pelo povo e entregue ao Museu Nacional. Depois, já no Museu da Marinha, desapareceu. A solidariedade dos jangadeiros ao movimento da Abolição foi um dos elementos mais expressivos para a vitória da causa.

Francisco José do Nascimento, Chico de Matilde, o "Dragão do Mar", chefe dos jangadeiros, faleceu em Fortaleza em 5 de março de 1914.

* * *

E os divertimentos? O silêncio no mar é compensado pela vivacidade em terra. O laconismo do jangadeiro não afoga a sensibilidade viva do homem praieiro. Não lhe pertence autoria de nenhuma canção popular, espalhada pelo poeta letrado e prestigiada como tendo partido do pescador. O jangadeiro ama o violão e a sanfona. Esta é mais ou menos recente. Outrora choravam nas latadas as violas que não mais alcancei.

Não conheço cantiga típica de praia feita por pescador. Toda gente sabe que a barcarola é do gondoleiro de Veneza, mas não apareceu canto nacional ligado, legitimamente, ao pescador. Há dezenas de canções praieiras feitas na cidade e são dogmas. Ninguém admite nascimento senão na pancada das ondas. Não foram, entretanto, vindas das praias. A inspiração é que visitou um poeta na cidade. Vezes este poeta não é identificado. Contam que Máximo Gorki ouvindo Fedor Chaliapin cantar a canção dos Barqueiros do Volga assombrou-se. Não era para menos. Ele remara no Volga, conhecera centenas de barqueiros e nunca ouvira falar naquela canção. Quem irá hoje dizer que os barqueiros do Volga nunca conheceram a canção que lhes é universalmente atribuída?

Muitas canções de pescadores são assim. Canções praieiras que nunca viram o mar.

O jangadeiro ama o canto em coro, uníssono, naturalmente ligado à dança. Há nos casamentos e festinhas o baile comum onde dançam tudo, sambas e marchas e frevos, segurando as damas pela cintura. Os mais velhos afastam a dama, a parceira, um palmo de distância. Os mais novos grudam-se, como sabem ser a uso na cidade.

O instrumento preferido para a função é a sanfona, vezes acompanhada a violão. Não dançam valsas, mas lá uma vez reaparece o *schottisch*, orgulhando o par que ainda o sabe exibir.

O verdadeiro divertimento praieiro é o *Coco de Roda* também chamado *Bambelô*. Nunca o disseram *samba*. Ainda vi dançar o rei do Coco jangadeiro, Francisco Ildefonso. Chico Preto, da Praia Preta, Nijinski do Bambelô.

A orquestra é, habitualmente, caixotes de querosene vazios, batido a mão, furiosa, infindável, entusiasticamente, noite inteira, até pegar o Sol com a mão.

É a roda de homens e mulheres com um dançador solista no centro fazendo maravilhas de agilidade, contorcendo-se, agachando-se, enrolando-se, os pés quase invisíveis na batida impecável do ritmo, desmanchando-se, até a vênia, toque no peito ou umbigada, noutro ou noutra, convidando-o a substituí-lo. Vezes é um par que no meio do círculo faz as magias do interesse cênico. É a presença de Angola, Congo, Guiné.

Quem dirige o batuque nos caixotes *tira* a toada, puxando a embolada ou simples quadrinha respondida em refrão cada dois versos ou no final. Todos cantam o refrão, animados, infatigáveis, convencidos da responsabilidade.

Nos intervalos, peixe frito e cachaça. Para que mais?

A organização do baile é a mesma do folguedo popular em geral. Baile de cota, quando todos pagam sua parte, ou Baile de venda, quando o dono da casa prepara comida e bebida para o consumo dos bailarinos camaradas.

Antigamente o baile era infalível nos sábados. Ouviam-se de longe a grande voz jubilosa estrondeando no coro e a cadência da percussão seca derramada na solidão dos morros...

> Patim-pará... patim-pará... patim-pará... paá!
> Patim-pará... paá!
> Patim-pará... paá!

* * *

A jangada tem seus *raids* oficiais, tornados históricos. Em 1922 a jangada alagoana "Independência" foi ao Rio de Janeiro com sua tripulação de quatro homens. Essas 1.002 milhas de Maceió ao Rio de Janeiro sacudiram a curiosidade carioca, logo depois orientada para outros quadrantes. Em outubro de 1951, cinco jangadeiros tendo o caboclo Jerônimo por Mestre saíram com a jangada "Nossa Senhora da Assunção" da praia do Meireles em Fortaleza e em 18 de fevereiro de 1952 chegaram à praia das

Belas em Porto Alegre. Durante as noites dormiam sentados e amarrados, vencendo as 2.484 milhas do Ceará ao Rio Grande do Sul. Figuraram na primeira página dos jornais e vibraram nas notícias sonoras dos rádios. Depois ninguém mais recordou mestre Jerônimo, Tatá e seus camaradas, subindo e descendo as ondas teimosas na solidão do mar.[3]

* * *

O almirante Gago Coutinho prefaciando o "Dragão do Mar", de Edmar Morel, evoca o autor *na excitante corrida de jangadas, que deixa a perder de vista como sport as outras regatas de barcos de vela em que tomei parte.* Guarde-se o depoimento espontâneo do velho "Mar-a-Vela" consagrando, em decisão irrecorrível, a corrida de jangadas.

Já não é comum nem fácil. Outrora era *vadiação* praieira de largo prestígio e, aos domingos de tarde, havia quase sempre uma boa disputa entre jangadeiros.

Presentemente há um arremedo de corrida quando as jangadas regressam e os mestres vêm em boa disposição de espírito. Há sempre vontade de dar uma puxada para chegar primeiro à praia. Passando uns pelos outros é possível a frase desafiadora: – *v'ambóra, cabra frouxo!* O outro mestre levanta a luva e as duas jangadas arrancam, pulando nas ondas, muito mais sacudidas pelos gritos, berros e nomes feios da equipagem delirante do que pela força do vento soprador. E a ciência é saber aproveitar as lufadas e não perder tempo, teimando no rumo, escota esticada na munheca, leme no prumo, olhando a testa da vela que vibra no impacto alternado da viração atlântica.

Mas a corrida de jangadas legítima não é esta ocasional exibição na reta da chegada. Era preparada com dias de antecedência, limpando-se a embarcação, corrigindo-se a vela, verificando-se o casco, examinando-se toda a cordoalha de bordo para que não pudesse falhar nas horas do duelo sem mercê e sem desculpas ao vencido. A leveza da jangada, mais próxima ao vento, sensível ao leme de governo justificava a velocidade, o vôo sobre as vagas.

As melhores corridas jangadeiras eram em Ponta Negra, Redinha-de-Fora, depois da foz do rio Potengi, Genipabu e Rio do Fogo. As de Ponta

---

3   Notas de Eduardo Campos, Fortaleza.

Negra congregavam os pescadores dos Pirangi, Pirangi de Dentro, do norte, e Pirangi de Fora, do sul, divididos pelo rio do mesmo nome.

As jangadas levavam apenas o Mestre e o Proeiro e ficavam a umas duas milhas da costa. Aí enrolavam o pano, tiravam o mastro e o punham entre o banco da vela e a forquilha dos espeques. Aguardavam o sinal de partida, foguetão atirado de uma baiteira ou barco de pesca que as acompanhava.

Estalando o pipoco do fogo-do-ar metiam o mastro no banco, ajustando-o num furo da carlinga, abriam a vela, o mestre empunhava o remo de governo, a escota no punho e largavam as jangadas para a praia. Começava cada Mestre a pôr em prática seus conhecimentos para aproveitar o vento. A jangada não podia *cortar a outra,* atravessando-se-lhe na frente. Velejavam quase em reta, animados pelos gritos e desaforos, excitações e obscenidades dos companheiros. O entusiasmo era contagiante e a impressão inesquecível pela segurança das manobras. Como as regatas eram no fim do ano as melhores, verão, o mar estava um espelho com as doces marolas que ondulavam na direção do litoral.

As jangadas deslizavam cortando água e vez por outra a vela passava ao sabor do vento para a banda contrária. Via-se o Proeiro aguar o pano, pendurar-se no cabo do espeque, agachar-se na proa, voar à popa, multiplicando-se nos auxílios para o sucesso. Quando uma vaga mais alta surgia a jangada enfiava a proa insolente, descendo para o sepulcro, desaparecendo num momento para reaparecer obstinada e veloz, o triângulo branco da vela, mordido de sol poente. Já era possível divisar-se o perfil do mestre e reconhecer o Proeiro. E também calcular-se a possibilidade da jangada vitoriosa, avançando em ponta enquanto as demais vinham em leque, o amplo semicírculo cobrindo o azul do mar. Era nesta ocasião que, no Rio do Fogo, o velho João Pau d'Arco sentindo que sua jangada era a primeira, pulava para dentro d'água, berrando de puro entusiasmo, abandonando a direção agora dispensável porque a embarcação, empurrada pela lufada, havia de vir fatalmente abicar na areia da praia, enrolada de espumas.

Os prêmios comumente constavam da recepção jubilosa, batido no ombro, abraços, palmas de mão, algumas rodadas vivas de aguardente de alambique de barro, com sua coroa de aljôfares tentadora. E muito mais alto, a espalhada fama da vitória.

A jangada é uma reserva esportiva e um dia a curiosidade a valorizará neste plano. Muito mais sensacional que o banal deslizador rebocado por uma lancha de motor, mais nosso e pau-brasil que o perfil aristocrático dos iates de vela de corrida, a jangada prestar-se-á admiravelmente para os esportes náuticos adestrador e viril, excelente escola de agilidade, golpe de vista, resistência e firmeza física, dando ao assistente todas as emoções pela disputa. Quem poderá negar o aparecimento próximo das corridas de jangadas constituindo elemento de aplauso social e dádiva de um divertimento másculo entre tantos tipos de regatas?

* * *

Certamente a linda canção de Dorival Caymi, *É doce morrer no mar,* é um efeito literário e um sucesso melódico. Para o jangadeiro será doce morrer no mar? Etnologicamente o mar provém de *amargo*. Mas não é questão de alguém escolher o ambiente para morrer. O príncipe Georges Platagenet, duque de Clarence, condenado à morte em 1478 por seu irmão, o rei Eduardo IV da Inglaterra, afogou-se dentro duma pipa de malvásia na Torre de Londres. Allan Quatermain, o das MINAS DO REI SALOMÃO, estava convencido de que o melhor era não morrer de maneira alguma. Os pescadores não pensam como o personagem de "sir" Henry Rider Haggard, mas todos não crêem que seja doce morrer no mar...

Há uma razão essencial e terrível. O afogado, não sendo encontrado o corpo para que lhe seja dada sepultura, fica "alma penada", fantasma errante, assombrando a todos. Não há espectro cujo cadáver possua túmulo. É a regra geral que a "alma-assombrada", pavorosa e vaga, vive sua penitência até o fim do mundo. Semelhantemente acreditavam Gregos e Romanos e o direito ao sepulcro era o primeiro e o mais indispensável dos direitos para toda antiguidade clássica e lendária. A condenação do espírito do morto à condição atormentada de lêmure, de espanto sem pouso, podia ser decretada na privação do sepultamento e cerimônias fúnebres. Sepultar os mortos tem sido uma obrigação secularmente agradável aos deuses.[4] Toda a cultura, arte e religião no Egito baseavam-se na conservação do defunto, na guarda do cadáver, na defesa do morto, na sua múmia cercada de tesouros no seio de uma montanha de pedra.

Fica muito perto do jangadeiro o velhíssimo refrão português: – "Para ter a vista bela, olha o mar, e mora na terra".

---

4 Ver *Cinco livros do povo*. "Privação da sepultura por dívidas", 374-383, ed. José Olympio, Rio de Janeiro, 1953.

Um costume bretão é a lápide do pescador "desaparecido no mar", posta na igreja. Não existe o corpo naquele pobre cenotáfio, mas haverá a defesa mística da oração no lugar destinado, idealmente, ao afogado perdido nas brumas da Terra Nova, na pesca do bacalhau.

Nas narrativas trágicas de naufrágios a nota da mais intensa dramaticidade é a frase, dita melancolicamente: – *nem o corpo deu na praia... não acharam o corpo... nunca encontraram o corpo*. A alma está vagando pelo mar, aparecendo na procissão silenciosa dos afogados, na noite do Dia de Finados, 2 de novembro.

Esta dedução não me chegou com a milagrosa certeza das conclusões de reportagem, quarto de hora de conversa enquanto o automóvel espera, impaciente. Significa o resultado de observação paciente entre os espíritos mais conservadores da classe trabalhadora.

> *Agora, vedes bem, que cometendo*
> *O duvidoso mar num lenho leve*

O jangadeiro mereceria de Luís de Camões a imagem do verso.

Jangada cearense voltando ao porto. Um jangadeiro pende do cabo da forquilha do espeque, agüentando a queda. Gentileza da Aba Films. Fortaleza. Ceará

O Nome Jangada

Os portugueses encontraram na Índia uma pequena balsa denominada JANGA. Três a quatro paus amarrados com fibras vegetais ou seguros por madeira em forma de grade.

O nome era dravidiano, do tâmil, tâmul ou timul, popularizado pelos malaios. Os portugueses escreveram *Janga* (Gonçalves Viana) ou mais propriamente *Jangá* (monsenhor Sebastião Rodolfo Dalgado) e ainda *Changgah e Xanga*.

Jangada (Changadam) é a Janga de maior porte, com cinco e seis paus roliços. Os portugueses encontraram a jangada nas lutas pelo domínio nas Índias Orientais e divulgaram o vocábulo.

A jangada, leve, rápida, eficiente, trazia guerreiros que afrontavam as caravelas de Portugal.

Vendo a *Piperi* ou a *Igapeba* indígenas no Brasil, iguais à jangada oriental, passaram para elas o nome já familiar e registado nos clássicos quinhentistas.

Damião de Goes (1502-1574), na *Crônica do rei dom Manoel,* escrita de 1558 e 1567, menciona várias vezes a jangada dos mares da Índia em pleno teatro guerreiro:

> "Chegada a frota que era cousa medonha de ver, as balsas de fogo guiadas pela corrente, e barcos de que as empuxavam com varas, foram cair sobelos mastros que estavam encadeados, e ancorados diante das caravelas, as quais pela distância não fez o fogo nenhum dano, mas antes em quando ardeu tiveram os nossos algum repouso, por que os inimigos com medo dela não ousavam de se chegar mas como cessou todolos paraos, e outros navios, se começaram de chegar para a nossa *jangada,* tirando com a artelharia as caravelas, ao que os nossos lhe respondiam, arrombando alguns dos seus navios, em que lhes mataram muita gente": Damião de Goes, *Crônica do rei don Manoel,* parte I, capítulo 91.
>
> "A multidão dos inimigos era tanta que se embaraçavam uns com os outros, com tudo a *jangada* dos vinte paraos, que vinham encadeados, se adiantou de toda a frota chegando-se pera nossa caravela, e bateis, tirando muitas bombardadas, com que davam assas de trabalho aos nossos"; Idem, parte I, capítulo 86.

"Mas avendo já bom pedaço, de uma e da outra parte servira a artelharia, de maneira que com o fumo, e fogo da pólvora se nam viam aos outros, mandou Duarte Pacheco tirar com um camelo que tinha nam descarregara, o que se fez em tam boa hora, que do segundo tiro desmanchou de todo a *jangada,* arrombando quatro paraos que logo se foram ao fundo"; idem.

"Uma bastida de paus, a modo de *jangada"*; idem, f. 70, col. 3.

Bastida foi um nome português da jangada, possivelmente anterior ao conhecimento da verdadeira nas Índias Orientais. Foi verbete corrente nos velhos Vocabulários e frei Joaquim de Santa Rosa de Viterbo recolheu-o no *Elucidário das palavras, termos e frases que em Portugal antigamente se usaram e que hoje regularmente se ignoram* na sua *princeps* de 1798-99: ..."mas também se deu o mesmo nome ("Bastida") a uma balsa, ou janga-da de muitos paus presos, e ligados entre si". (vol. I, p. 128, Lisboa, 1865).

A Bastida terrestre era o torreão de paus entrançados, a estacada co-roada por cimeira fechada e daí seu sinônimo francês de "Bastilha". Na água caracterizava-a a tábua ou pau transversal, segurando os troncos. Uma ou mais destas travessas dariam idéia da grade e assim registam nos Dicioná-rios de ontem e de agora.

A primeira acepção foi a construção improvisada na hora do naufrá-gio e assim Frei João dos Santos, *Etiópia Oriental,* 2º, 128, escrevia em 1586: – "Os terceiros se salvaram em uma jangada, que fizeram sobre os baixos da madeira da nau, e de tábuas de caixões". Mas no Brasil, um ano depois, já Gabriel Soares de Souza empregava o vocábulo ligado às igara-pebas e piperis que via no mar e nos rios.

Da origem não há mais disputa e João Ribeiro fixou o assunto em li-nhas definitivas:

> "A jangada é de origem asiática. Na Índia os ingleses chamam-na jangar e o termo deriva da língua malaiala xangadam e mais remotamente do sânscrito san-ghata, com o sentido de ligagem ou união de tábuas flutuantes ou de canoas ajougadas. Os portugueses que serviam na Índia e no Brasil para cá trouxeram o vocabulário, que correspondia perfeitamente à igarapeba dos tupis do norte, entre a Bahia e o Maranhão." *Curiosidades Verbais,* 188.

Paulinho Nogueira (1842-1908) estudando o "Vocabulário Indígena em uso na Província do Ceará com explicações etimológicas, ortográficas, topográficas, históricas, terapêuticas, etc." (Revista do Instituto do Ceará, ano I, 4º trimestre, 1887) sugeriu origem do nheegatu. Parte de uma forma convencional *ñan-ig-ára,* passando por *yan-ig-ára* e chegando a *jan-ig-ára,* dando, na prosódia portuguesa a *jangada,* valendo *aquilo que corre n'água.*

Foi apenas tentativa nacionalista do erudito estudioso cearense sem possibilidade de repercussão lógica.

No primeiro registo por mão européia Pero Vaz de Caminha denomina-a *almadia* em abril de 1500. Em 1557 Jean de Lery dava-lhe nome local de *Piperi*, boiando nas águas da Guanabara. Antes de 1570 Pero de Magalhães Gandavo indicava o título atual: – *vão pescar pela costa em jangada...*

E esta *jangada* ficou vencendo a nomenclatura tupi do litoral.

Além da *piperi* e da *igarapeba* ou *igapeba,* formas desaparecidas na linguagem usual, existe o *candandu,* jangada velha, verbetizado pelo tte. Alberto Vasconcelos no seu "Dicionário de Ictiologia e Pesca" (Recife, 1938).

Os nomes conhecidos são:

Jangada: jangada-de-vela, jangada do alto.

Paquete: jangada menor.

Ximbelo: jangada com dimensões inferiores ao Paquete. De madeira aproveitada.

Bote ou *Catraia:* jangadinha.

Burrinha: jangada pequena. "As jangadas pequenas, que usam de uma só vela, são chamadas *burrinhas*", Almirante Alves Câmara. *Ensino sobre as construções navais indígenas do Brasil.* 1888, segunda edição em São Paulo, 1937, p. 29.

Candandu: jangada velha (Alberto Vasconcelos).

Igapeba: citada em Marcgrav, Joan Nieuhof, etc. Séc. XVII.

Piperis: citada em Jean de Lery (séc. XVI).

Catre: espécie de jangada (Alberto Vasconcelos).

Caçoeira: pequena jangada que leva a rede caçoeira em pesca noturna.

Presença no Brasil

No domingo de Pascoela, 26 de abril de 1500, Pedro Álvares Cabral foi ouvir missa na ilhéu da Coroa Vermelha, Frei Henrique Soares chantou na areia a sua cruz processional de ferro, os braços findando em cabeças de cravo, cruz missionária no modelo das Cruzadas, e celebrou o Santo Sacrifício num altar portátil dentro do rico esperável. Depois, desvestido, subiu a uma cadeira alta e pregou o Evangelho. Ao redor do almirante todos os capitães das naus, pilotos, mestres, marinheiros, grumetes e os degredados, ouviam.

Na praia fronteira, os Tupiniquins seguiam o cerimonial, olhando o pálio brilhante que resguardava o altar, a indumentária do sacerdote e dos cavaleiros. E quando os portugueses sentaram-se para ouvir o sermão, levantaram-se eles tocando busina, cantando e bailando.

Pero Vaz de Caminha, escrivão anotador, escreveu algumas linhas definitivas para o assunto:

> "E alguns deles se metiam em almadias – duas ou três que aí tinham – as quase não são feitas como as que eu já vi – somente são três traves, atadas entre si. E ali se metiam quatro ou cinco, ou esses que queriam, não se afastando quase nada da terra, senão enquanto podiam tomar pé."

Registrara, pela primeira vez no Brasil, a Piperi ou Igapeba dos tupis, ainda virgem do futuro nome malaio de Jangada.

Comparou-a a uma Almadia embora bem diversa das que teria visto. Almadia é a canoa monóxila, estreita e comprida. Feita de uma única árvore, aproveitada em sua seção retilínea, os portugueses a conheciam das costas d'África. Valia piroga, pangaio, escaler, bote, tone, lancha. Provinha do árabe *al-madia,* do verbo *mada, cavar* um madeiro à maneiro de calha ou canoa.

Jaime Cortezão anotando "*A Carta de Pero Vaz de Caminha*" (nota 17, Rio de Janeiro, 1943) informa:

> "Almadia era termo corrente, nos começos do século XVI, entre os navegantes portugueses, que as conheciam das costas de África. Já quando chegaram à ilha de

Arguim, no começo das suas navegações, encontraram almadias (Azurara, "Crônica da Guiné", capítulo XVII). Daí por diante, todos os demais navegadores e cronistas, desde Azurara, Duarte Pacheco e Valentim Fernandes se referem ao uso das almadias em toda a costa, que vai da Barberia até ao Congo. Se algumas dessas embarcações, feitas, por via de regra, dum só pau, eram pequenas e de fábrica rudimentar, outras possuíam castelos de avante, figuras esculpidas de proa e podiam levar cinqüenta, oitenta e até cem homens. Com efeito, Duarte Pacheco, referindo-se à região do Niger, diz: "... e nesta terra ha as mayores almadias, todas feytas de hum paao, que se sabem em toda Ethiopia de Guinnee, e algũas d'ellas ha tamanhas, que levaram oitenta homees"... (*Esmeraldo,* pág. 124). Valentim Fernandes vai mais longe e é mais preciso. Falando das cousas entre o Senegal e o Gâmbia, escreve: "Todas estas terras tem naujos... a q̃ chamãam *almadias.* E som todos de hũ pao, delles grandes e delles pequenos... E os de guerra leuã 60 e 80 e cem homens e todos remã quãtos ali vam, saluo ho capitã q̃ esta assentado meio delles" (obra cit. pág. 73). Com essas embarcações, os negros das costas da Guiné pescavam no mar, transportavam produtos de terra em terra, faziam guerra uns aos outros e atacavam até os navios portugueses. Diogo Gomes, na sua conhecida relação – *De prima Inventione Gujnee,* para melhor representar o poder dum soberano indígena, refere que possuía muitas almadias e conta que uma pequena expedição fora atacada por 300 destas embarcações (*O manuscrito "Valentim Fernandes",* pág. 193). Eram estas as almadias que Pero Vaz conhecia e comparava com as rudimentares jangadas dos tupiniquins da Baía Cabrália."

Correspondia às nossas Ubás e Igaras que Frei Vicente do Salvador, em 1627, noticiava serem

"canios de um só pau, que lavram a fogo e a ferro; e há paus tão grandes que ficam depois de cavadas com dez palmos de boca de bordo a bordo, e tão compridas que remam a vinte remos por banda".

Eram as canoas de guerra que Gabriel Soares de Souza em 1587 gabava as de setenta palmos, "tão compridas como galeotas".

Era a canoa indígena cantada por Frei José de Santa Rita Durão (*Caramuru,* canto V, XXXVIII):

> Chamam canoa os nossos nesses mares
> Batel de um vasto lenho construído,
> Que escavado no meio, por dez pares
> De remos, ou de mais voa impelido;
> Com tropas e petrechos militares.
> Vai de impulso tão rápido movido,
> Que ou fuja da batalha, ou a acometa,
> Parece mais ligeiro que uma seta.

As "três traves atadas" e vistas por Pero Vaz de Caminha em 26 de abril de 1500 não pareciam, realmente, como almadia alguma deste mundo.

Jangada pernambucana — Gentileza do Departamento de Documentação e Cultura de Pernambuco

A Jangada é que, mesmo sem nome consagrador, recebera sua menção de existência etnográfica na terra do Brasil.

Toda a gente se esquece de informar à Jangada do direito de ter algum orgulho. Nenhuma outra embarcação é mais antiga. A Jangada bem se podia afirmar aristocrática porque tem uma hereditariedade fixada. Antes dela o homem teria apenas o pavor olhando água corrente ou pancada do mar na praia neolítica. Há trinta mil anos que a Jangada existe com a mesma finalidade dos nossos dias e sempre muito parecida com a fundadora de sua raça.

Ela e o Carro de Boi são realmente *totens* de todos os veículos marítimos e terrestres espalhados nos territórios do mundo. Mas o Carro de Boi alegará apenas uns seis mil anos, um nada se olhando a velhice útil da Jangada que Pero Vaz de Caminha deu para chamar Almadia no primeiro domingo cristão do Brasil.

Certamente o nome Jangada não chegara a Portugal no último ano do século XV e sim deslizavam nos rios as balsas.

Não vou discutir Jogos Florais como mantenedor da Jangada, embarcação inicial. Deduzo que não foram os "primeiros" os barcos de couro, os de capim cobertos de peles e calafetados de betume, popularizados no Egito. Nem as bóias de vitela cheias de ar assoprado. Ou os de junco, de palha comprida, piri-piri, apertada em molhos e correndo ainda no lago Titicaca e que os Caetés pernambucanos sabiam fazer, recebendo dez a doze guerreiros que enfrentavam os Tupinambás, segundo notícia de Gabriel Soares de Sousa. Deduzo que a primeira embarcação foi o tronco sobrenadando numa enchente de rio no preamar de lua, maré de sizigia num plenilúnio de janeiro. Primeiro empregada como auxílio para a flutuação, apoiando-se na travessia d'água. Depois cavalgou-o, batendo com os pés e as mãos, inventando a natação. Com o nome de *cavalete*[1] ainda resistem estes processos no Brasil. A Jangá pequena, a Jangada maior, a Catamarã indiana, vieram daí. O barco de couro, redondo, que chamamos,

---

1 O "cavalete" é um grosso pedaço de pau que, cavalgado, ajuda a manter o nadador à flor d'água. Não o encontro nos velhos e novos dicionários, Moraes, Domingos Vieira, Figueiredo, Pequeno dicionário brasileiro da língua portuguesa (segunda edição), etc. A. Métraux, "La Civilisation Materielle des tribus tupi-guarani", 211, Paris 1928, regista: – *"Les Omagua possédaient à coté de leurs grands canots, des troncs d'arbre, (caballito) sur lesquels ils naviguaient assis a califourchon"*. Em Barléu a gravura "Castrum Mauritii ad ripam Fluminis S. Francisci" divulga outro tipo em que o passageiro atravessa ajoelhado sobre dois pedaços de madeira, impelindo-os com um pequeno remo; *Fuga hostis trans fluvium Sangalis*.

ensinados pelo castelhano, *Pelota,* exigiria técnica acima do começo do Neolítico.

A Jangada começou com balsa sem governo e posteriormente ajudada pelos varapaus, vadeando rios e lagos. Muito após é que apareceu o remo, impulsionando e dirigindo. Foram assim as "pae-pae" da Polinésia e as jangadas brasileiras do século XVI.

Por estas e outras razões modestas voto na prioridade da Jangada como ancestral do transatlântico, velocidade inicial e ainda contemporânea e testemunha das glórias do neto longínquo, movido a turbinas, passada a era ornamental do amplo velame gemente.

As três traves que Pero Vaz de Caminha olhou junto ao ilhéu da Coroa Vermelha ainda mais simbólicas surgiriam para a evocação porque estavam na sua forma de nascimento, abrindo caminho para a singradura dos caravelões.

Insisto em apresentá-la como embarcação milenar. Estou convencido que representa a primeira fórmula consciente do navio dirigido por mão humana.

A jangada feita por Ulisses na ilha Ogigia é superior à jangada contemporânea como solidez e conforto.

Vá por conta de Homero, "Odisséia", canto V, a informação. O rei de Itaca derrubou vinte árvores, manejando o machado de bronze, aplainou os troncos, furou-os com broca, ajustando-os com cavilhas e travessas.

Ergueu a ponte na proa com frasquias reunidas, cobrindo-a de longas pranchas. Chantou um mastro onde ajustou a verga. Preparou laboriosamente um remo de governo.

Ao redor da embarcação elevou como paveses uma caniçada de salgueiros defendendo-se das vagas.

Recobriu a coberta de folhagem fresca e odorífera.

O pano da vela, telas finas tecidas pelas divinas mãos de Calipso, foi colocada ao mastro, tendo adriças, cordoalha e bolinas para o bracear de verga. E, como a nossa jangada, Ulisses empurrou-a para o mar sonoro fazendo-a deslizar sobre rolos.

Daí velejou o herói "para a delícia das coisas imperfeitas" que tanto satisfazem. Ogigia será uma ilha da costa de Marrocos onde a consagrou Bérard ou a ilha da Madeira, segundo a lição de Henning. A jornada segue até o naufrágio, pela ira de Netuno, diante da terra dos Feacianos, a Corfu, pátria da linda Nausicaa. Em boa nau o astucioso Ulisses volta a Itaca depois de vinte anos errante em guerra e mar irado.

A Jangada neste tempo amável dos Deuses olímpicos estava bem acima da nossa atual. Semelha, exceto a casinha de bambu, coberta com folhas de bananeira, a balsa da expedição "Kon-Tiki" que, em 1947, de Callao na costa peruana, venceu a solidão de oito mil quilômetros do Pacífico até a polinésia Raroia.

O chefe, Thor Heyderdahl, dizia-a feita sob modelos do divino Kon-Tiki, anterior aos Incas e por eles expulso do seu reino ao redor do lago Titicaca.

Quer uma e quer outra, a de Ulisses voltando da guerra de Tróia, e a "Kon-Tiki" com cinco noruegueses e um sueco, são superiores às jangadas que diariamente pescam entre o Taci e as Paredes no Atlântico, verde e sedutor.

Durante o século XVI o português pode observar de perto a esquadra indígena. Possuía dois tipos gerais de embarcações: a canoa e a que foi denominada Jangada.

A canoa era mais comum e usada como transporte de guerra e viagem ao longo das praias, de enseada em enseada sem muito avanço para mar alto. As variedades eram muitas, madeiro escavado e de cascas, mas não se afastavam da forma comum específica.

Hans Staden é autor do primeiro livro estrangeiro, VIAGEM AO BRASIL, Marpurgo, Hesse, 1557, e fixa o assunto no "Como navegam nas águas". Refere-se aos Tupinambás, tupis de sangue velho.

"No país há uma espécie de árvores a que chamam Yga Ywera ('Ygá-ybyrá, pau ou madeira de canoa', nota de Teodoro Sampaio), cuja casca os selvagens destacam de cima a baixo, fazendo uma armação especial ao redor da árvore para tirá-la inteira.

Depois, tomam a casca e a transportam da serra até o mar; aquecem-na ao fogo, dobram-na por diante e por detrás e lhe amarram dois paus atravessados no centro para que se não achate, e fazem assim uma canoa, na qual cabem 30 pessoas, para irem à guerra. A casca tem a grossura de um dedo polegar, mais ou menos 4 pés de largura e 40 de comprimento; algumas mais compridas e outras mais curtas. Nelas remam apressados e navegam longe tanto quanto querem. Quando o mar está baixo, puxam as canoas para a terra até o tempo ficar bom. Não vão mais de duas milhas, mar afora; mas, ao longo da terra, navegam muito longe."

Hans Staden viveu em Santo Amaro, artilheiro no fortim de Bertioga, prisioneiro dos Tupinambás, resgatado pelos franceses, depois de muitos meses de cativeiro, voltou à Europa em 1554. Não fala em Jangadas.

De março de 1557 a janeiro de 1558 viveu no Rio de Janeiro o francês Jean de Lery. No seu VIAGEM À TERRA DO BRASIL ("A la Rochelle, 1578") registrou, pela primeira vez em língua estrangeira, *certains radeaux, qu'ils nomment PIPERIS,* empregados pelos Tououpinambaoults (Tupinambás) no serviço de pesca.

> "Pour donc parachever ce que i'avois à dire touchant la pescherie de nos Tououpinambaoults, outr ceste manière de flescher des poissons, dont i'ay tantost fait mention, encor, à leur ancienne mode, accommodant les espines en façon d'hameçons & faisans leur ligne d'une herbe qu'ils nomment Toucon, laquelle se tille comme chanvre, & est beaucoup plus forte: ils peschent non seulement avec cela de dessus les bords & rivages des eaux, mais aussi s'advançans en mer, & sur les fleuves d'eau douce, sur certains radeaux, qu'ils nomment *Piperis,* composez de cinq ou six perches plus grosses que le bras, iointes & bien liees ensemble avec des pars de ieune bois tors: estant, di-ie, assis lá dessus, les cuisses & iambes estendue, ils se conduisent oú ils veulent, avec un petit baston plat qui leur sert d'aviron. Neantmoins ces *Piperis* n'estant gueres que d'une brasse de long, & seusement large d'anviron deux pieds, outre qu'ils ne sçauroyent ondurer la torment, encores ne peut-il sur chacun d'iceux tenir qu'un seul homme a la fois: de façon que quand nos sauvages en beau temps sont ainsi nuds, et un à separez en peschans sur la mer, vous diriez, les voyant de loing, que ce sont singes, ou plus tost (tant paroissent ils petits) grenouilles au soleil sur les busches de bois au milieu des eaux. Toutesfois parceque ces radeaux de bois, arrengez comme tuyaux d'orgues, sont non seulement tantos fabriquez de ceste façon, mais qu'aussi flottans sur l'eau, comme une grosse claye, ils ne peuvent aller au fond, i'ay opinion, si on en faissoit par deçà, que se resoit un bon et seur moyen pour passer tant les rivieres que les estangs & lacs d'eaux dormantes, ou coulantes doucement: aupres desquelles, quand ont est hasté d'aller, on se trouve quelquesfois bien empresché" (*Histoire d'une voyage faict en la terre du Brésil,* ed. Alphonse Lemerre, II, 6, Paris, 1880).[2]

Outro chamado a depor na espécie é Pero de Magalhães Gandavo. Não se sabe em que paragem do Brasil esteve e viveu nem sua duração possivelmente anterior a 1570.

Escreveu o *Tratado da Terra do Brasil,* publicado somente em 1826 e a *História da Província Sâcta Cruz a que vulgarmente* chamamos Brasil, impressa em Lisboa, oficina de Antônio Gonsaluez, Ano de 1576. É o primeiro livro português publicado sobre o Brasil.

---

2   "Terminando, direi, ainda, a respeito do modo de pescar dos tupinambás, que além das flechas usam também espinhas à feição de anzóis, presas a linhas feitas de uma planta chamada Tucom a qual se desfia como cânhamo e é muito mais forte. Com esse apetrecho pescam de cima das ribanceiras e à margem dos rios. Também penetram no mar e nos rios em jangadas, a que chamam *piperis*; são feitas de cinco ou seis paus redondos, mais grossos que o braço de um homem, e bem amarrados com cipós retorcidos. Sentados nessas jangadas, com as pernas estendidas dirigem-nas para onde querem com um bastão chato que lhes serve de remo. Como esses *piperis*

No capítulo X passa não a Piperi ou a Igapeba mas a Jangada. É o registo mais antigo que conheço em português do nome de Jangada.

> "Também se sustentam de muito marisco e peixes que vão pescar pela costa em *Jangadas*, que sam huns três ou quatro páos pegados nos outros e juntos de modo que ficam à maneira dos dedos da mão estendida, sobre os quaes podem ir duas ou três pessoas ou mais se forem os páos, porque sam mui leves e sofrem muito peso em cima d'água. Têm quatorze ou quinze palmos de comprimento, e de grossura orredor, ocupam dous pouco mais ou menos" (ed. Anuário do Brasil, 130, Rio de Janeiro, 1924).

Daí em diante é Jangada o nome usado pelos portugueses.

Fácil, rápida, simples, de conservação cômoda, puxada pelo remo chato de folha larga que o indígena tupi denomina *Jacumã,* a Jangada é a própria pesca quando feita por um só ou dois homens, os escravos encarregados do suprimento da cozinha colonial.

À margem dos rios as pequenas Jangadas esperam os senhores para a travessia. Assim, em 1583, o Visitador Padre Cristovão de Gouveia passeia pelas residências e aldeias jesuítas, viajando em rede mais das vezes e transportado em Jangadas seguras pelos rios do interior baiano.

Padre Fernão Cardim, o cronista desta visita apostolical, descreve:

> "Ao dia seguinte dissemos missa ante-manhã, a qual acabada já o almoço estava prestes de muitas e várias iguarias, que nos ajudaram passar aquele dia muitos rios caudaes. Um deles passaram os índios o padre (Cristovão de Gouveia) na rede, pondo-o sobre as cabeças, porque lhes dava a água quase pelo pescoço, os mais passamos a cavalo com bem de trabalho. Passado este chegamos ao grande rio Joanes; este passamos em *uma jangada de paus levíssimos,* o padre visitador ia na jangada sobre uma sela, por se não molhar e os índios a nado levavam a jangada."

Estava a jangada integrada na economia normal portuguesa no Brasil. O Padre Simão de Vasconcelos (*Vida do Venerável Padre Joseph de*

---

têm apenas uma braça de comprimento e dois pés mais ou menos de largura, resistem mal às tormentas e mal podem suster um homem. Quando o tempo está bom e os selvagens pescam separadamente, parecem de longe, tão pequenos se vêem, macacos ou melhor rãs, aquecendo-se ao sol em achas de lenha soltas nas águas. Como essas jangadas, feitas à maneira de órgãos, flutuam como pranchas grossas, penso que se as construíssemos em França teríamos um bom meio de atravessar os rios e pântanos, e lagos de águas paradas ou de fraca correnteza, diante dos quais nos vemos muitas vezes embaraçados"; *Viagem à terra do Brasil,* trad. de Sérgio Milliet, 150, ed. Martins. São Paulo.

Anchieta da Companhia de Jesus, Taumaturgo do Novo Mundo, da Província do Brasil, Lisboa, p. 68, 1672) amplia um tanto as dimensões das canoas quinhentistas, dando-as com capacidade para 150 guerreiros:

> "Para este efeito fabricavam canoas de guerra de grandeza notável, destrincando as matas, naquela paragem imensas, viçosas, e que sobem as nuvens, e cavando aqueles corpos grossos, curados do sol e dos anos faziam embarcações fortíssimas, capazes as maiores de cento e cinqüenta guerreiros, todos soldados, porque com o mesmo remo em punho de uma parte, e outra da canoa, sustentam o arco e despedem a seta com destreza grande. E quando o pede o perigo, com o mesmo remo se escudam, porque era seu remar em pé, e tinham os remos, uns como escudetes, com que aparavam as flechas dos contrários. Eram os remeiros por ordinário nestas ocasiões quarenta e mais ainda, por banda."

Pero Lopes de Souza, em março de 1530 na baía de Todos os Santos, assiste a uma batalha naval de cem *almadias* com sessenta homens cada uma. É de crer que Pero Lopes de Souza, marinheiro e não escrivão como Pero Vaz de Caminha, conhecesse realmente as almadias para dar-lhes o justo nome.

> "Estando nesta bahia no meo do rio pellejaram cincoenta almadias de húa banda, e cincoenta da outra; que cada almadia traz secenta homens, todas apavezadas de pavezes pintados como os nossos: as cincoenta almadias, da banda de que estavamos surtos foram vencedores; e trouxeram muitos dos outros captivos, e os mataram com grandes cerimonias, presos per cordas, e depois de mortos os assavam e comiam."[3]

Cem igaras com seis mil indígenas guerreiros numa peleja náutica deviam ter impressionado Martim Afonso de Souza e o mano Pero Lopes de Souza, futuros Donatários.

Apesar da frota visitar pontos habitados pela indiada tupi Pero Lopes de Souza não fala nas jangadas por nome algum. Nas proximidades da baía da Traição, em 3 de fevereiro de 1530, os indígenas vêm às naus perguntar se precisam de alguma madeira brasil ou ibirapitinga. Não vêm de canoas. Vêm nadando. *Vieram de terra, a nado, às naos indios a perguntar-nos se queriamos brasil.*[4]

---

3   *Diário da Navegação de Pero Lopes de Souza,* vol. Iº, 157-158. Estudo crítico do comte. Eugênio de Castro. Rio de Janeiro, 1940.

4   Idem, p. 120.

Já em 1587 sabia-se com quantos paus a canoa era feita e os segredos na escolha das árvores preferidas. Gabriel Soares de Souza, *Tratado descritivo do Brasil em 1587,* cita a fabricação das igaras (caps. XXXIII e LXXI) com a indicação das madeiras favoritas.

A Jangada era a pescaria nas margens dos mangues, nas enseadas onde o peixe vinha trazido de manso pela correnteza macia. Pescava-se a linha ou pequenas tarrafas, mais próximo às praias. O mariscador deu às confidências maiores sobre as assombrações marítimas, bolas de fogo azul, clarões inexplicáveis perpassando, animais fabulosos que emergiam, espalhando terror. Os Ipupiaras, homens marinhos, *andam pelo rio d'água doce pelo tempo do verão, onde fazem muito dano aos índios pescadores e mariscadores que andam em jangadas, onde os tomam,* informa Gabriel Soares de Souza (cap. CXXVII), que teve mortos cinco índios seus, arrebatados pelo faminto monstro.[5]

Os cronistas do século XVI e XVII registam sempre a canoa cheia de indígenas, remando de pé, rumando aos assaltos ou cercando as naus traficantes para permutar espelhos, anzóis, machados em troca dos troncos do pau-brasil.

A Jangada estava desempenhando missão mais fecunda e doméstica, garantindo o pescado, alongando-se ao correr da costa, demandando os pesqueiros mais próximos. É de economia íntima, desprovida dos recursos de velocidade e capacidade transportadora. Sempre que se fala em combate é a canoa o instrumento indispensável. Assim registam os desenhos da época, os Tupinambás que atacam Bertioga ou os Tamoios que enfrentam Estácio de Sá vão gritando o excitamento belicoso numa esquadra de canoas esguias, valendo pirogas de guerra.

Gabriel Soares de Souza indica a Apeiba (*Apeiba tibourbou,* Aubl) como o Pau de Jangada, chamado em nosso tempo Jangadeira, próprio *para fazer dele uma jangada para pescar no mar a linha.*

Também 1618, no *Diálogo das Grandezas do Brasil,* III, Brandônio escreve: – "Também há outro páo que chamam de *jangada,* porque se fazem as taes dele pera andarem pelo mar o qual é também levíssimo".

Jorge Marcgrave, *História Natural do Brasil,* lv. VIII, cap. VII regista o reparo holandês:

---

5   Sobre o Ipupiara, Luís da Câmara Cascudo. *Geografia dos Mitos Brasileiros.* São Paulo: Global, 2002.

A Balsa de Guaiaquil em 1736 — Gentileza do Dr. Fritz A. Rabe

"No mar pescam com pequeno anzol munido de isca, e ligado com fio, assentando em três madeiras alternadamente amarrada, chama *Igapeba,* e os lusitanos *Iangada.* Porém são feitas de madeira da árvore *Apeiba.*"

Da intensidade haliêutica informava Marcgrave:

"A pesca do litoral, como sabes, foi outrora riquíssima e lucrativa para os Lusitanos, quando estas cousas lhes pertenciam na íntegra; presentemente se acham muito abandonadas."

Há o registro de Joan Nieuhof que viveu de 1640 a 1649 na região ocupada pelos batavos, especialmente no Recife.

Falando sobre os indígenas recorda:

"Afoitam-se bastante no oceano, servindo-se apenas de três toras de madeira, atadas, a que chamam *Igapeba* e que os portugueses chamam *Jangada.* A madeira de que para isso servem é, geralmente, a *Apeiba"; Memorável Viagem Marítima e Terrestre ao Brasil,* tradução de Moacir N. Vasconcelos, 312-313, São Paulo, 1942.

A jangada continua abastecendo de peixes aos holandeses e brasileiros. É ainda a comunicação fácil e ousada para romper água e vento e obter contacto distante. Na cidade do Natal o forte dos Reis Magos estava, desde 8 de dezembro de 1633, cercado. Pelo mar a esquadra do comandante Jan Cornelissen Lichthart e por terra os oitocentos homens do tenente coronel Baltazar Bijma apertavam o bloqueio. Mesmo assim uma jangada passa navios e patrulhas postas às margens do rio Potengi e leva um boi para a praça sitiada sem que ninguém veja como apareceu o auxílio.

Em 1635 a esquadra de dom Lopo de Hozes e don Rodrigo Lôbo veleja para a Bahia. Uma jangada deixa o cabo de Santo Agostinho e alcança a nau almiranta, conduzindo o desesperado apelo dos brasileiros, suplicando o ataque ao Recife quase desguarnecido. Não atenderam e a ocasião única se perdeu, mas a História registra que a mensagem fora levada por *um homem que se aventurou a sair ao mar numa jangada;* Southey, IIº 308.

Não era possível artilhá-la suficientemente e daí o recurso flamengo atinar com o uso das canoas maiores para transporte de tropas, munições, reforço. A jangada possuía o direito dos mantimentos e de retirar do mar e das fozes dos rios o pescado bem farto e os crustáceos bem gostosos.

A explicação do uso da jangada era seu emprego em qualquer tempo. As canoas produziam mais peixes, com as redes, mais exigiam bom tempo. Caindo chuva forte, mar picado e vento brusco as canoas não deixavam o porto. As jangadas largavam mesmo na tempestade se a tanto fosse necessário.

Há um documento precioso na espécie. Gabriel Soares de Souza, IIº, XX, falando dos engenhos de açúcar no Pirajá, entre 1569 e 1587, informa:

> "Este rio de Pirajá é muito farto de pescado e marisco de que se mantém a cidade e fazendas de sua vizinhança, em o qual andem sempre sete ou oito barcos de pescar com redes, onde se toma muito peixe, e *no inverno em tempo de tormenta pescam dentro nele os pescadores de jangadas dos moradores da cidade e os das fazendas* duas léguas à roda, e sempre tem peixe de que se todos remedeiam."

Assim no mau tempo as canoas com redes recolhiam e as jangadas fornecedoras do pescado às fazendas e à cidade do Salvador vinham fazer o serviço *no inverno em tempo de tormenta*.

Na sua *Notícia* de 1587 Gabriel Soares de Souza fala em mil e quatrocentas embarcações que se reuniram "todas as vezes que cumprir ao serviço de Sua Majestade" e adianta:

> "E são tantas as embarcações na Bahia, porque se servem todas as fazendas por mar: e não há pessoa que não tenha seu barco, ou canoa pelo menos, e não há engenho que não tenha de quatro embarcações para cima; e ainda com elas não são bem servidos". (IIº, XXXII).

Por isso houve a sobrevivência da jangada.

Um tipo popular no tempo do domínio holandês é a barca PICHILINGUE, feita ao modelo das embarcações comuns de Flessingue, largas e de calado reduzido, algumas de fundo chato, podendo demandar os rios pernambucanos em serviço de carga. Na ata das convenções da rendição holandesa, lavrada na campina do Taborda em 23 de janeiro de 1654, assina como um dos delegados flamengos o conselheiro Gilberto de With, presidente dos Escabinos e "Diretor das barcas Pichilingues do porto do Recife".

A indicação do cargo denuncia a importância das funções.

A jangada presta um alto favor político e moral aos batavos. O tenente coronel Nicolas Claez escapa-se da fortaleza das Cinco Pontas no Recife e foge, vestido de pescador e numa jangada, para a ilha de Itamaracá levando a notícia da submissão flamenga. Ainda viajou para a Paraíba e Rio Grande do Norte espalhando a informação do desastre. Por este fato as guarnições militares embarcaram levando artilharia e sem esperar a vinda da força recuperadora encarregada da ocupação. A jangada era o meio mais veloz e podia deslizar sem rumor entre os navios da esquadra bloqueadora do Recife e levar aviso aos companheiros espalhados nos vários pontos ainda dominados pela Companhia Privilegiada das Índias Ocidentais.

Durante o século XVIII a popularidade da jangada não decai. Ao correr de toda a guerra dos Mascates e suas repercussões, os dois segundos lustros setecentistas, é a jangada maneira o veículo de pronta escapula para conduzir conspiradores ou fugitivos para as praias distantes ou à Bahia. Para trazer víveres ao Recife cercado pelos "nobres" de Olinda é a jangada o meio incomparável iludindo a vigilância dos barcos e das patrulhas e fortins espalhados ao longo da costa.

É o século do povoamento nordestino e decorrentemente a pescaria toma vulto e volume de alta monta. As jangadas enxameiam, acompanhando as piracemas, especialmente do pirabebe, o peixe-voador. Transporta sal para as salgas de carnes secas ao sol. Entrega o peixe no curso dos rios maiores que se tornam viáveis no tempo do inverno. É a fase em que nascem os povoados de pescadores em sua maioria, olhando a pancada do mar, o arrais no alto do girau, mirando a mancha negaceante dos cardumes. E também do plantio dos coqueirais que dariam à paisagem litorânea a moldura característica de sua ornamental presença.

É igualmente o transporte clandestino, silencioso, ideal para o contrabando. Contra o monopólio do sal das marinhas portuguesas as jangadas nordestinas carregam o sal de Macau, de Areia Branca, do Aracati e desaparecem, viajando de noite e passando a carga nas madrugadas aos portadores misteriosos que a distribuem numa atividade de formigas. O sal era transportado em sacos de couro cru. Uma canoa chamaria a atenção do fisco real. Quem podia desconfiar da jangada humilde, inofensiva e comum? Para o nordeste, o monopólio do sal foi a mais inútil das leis portuguesas. Graças à jangada.

Com o século XIX a mais antiga descrição é a de Henry Koster. Teve o cuidado de datar o primeiro registro da jangada. Foi na manhã de 9 de dezembro de 1809, no porto do Recife.

Koster vinha da Inglaterra no navio "Lucy", saindo de Liverpol em 2 de novembro do mesmo 1809. Seu depoimento é de entusiasmo:

> "Nada do que vimos nesse dia excitou maior espanto que as jangadas vogando em todas as direções. São simples balsas, formadas de seis peças, duma espécie particular de madeira leve, ligadas ou encavilhadas juntamente, com uma grande vela latina, um remo que serve de leme, uma quilha que se faz passar entre as duas peças de pau, no centro uma cadeia para o timoneiro e um longo bastão bifurcado no qual suspendem o vaso que contêm água e as provisões. O efeito que produzem essas balsas grosseiras é tanto maior e singular quanto não se percebem, mesmo a peque-

na distância, senão a vela e os dois homens que as dirigem. Singram mais próximos do vento que outra qualquer espécie de embarcação." *Viagens ao Nordeste do Brasil,* tradução de Luís da Câmara Cascudo, 31, São Paulo, 1942.[6]

Com desenho de Henry Koster vendo a jangada pernambucana de 9 de dezembro de 1809 finda a história da viagem no tempo.

Não há mais alteração digna de registro nem modificação ampliadora de seus elementos essenciais e típicos. Da velha "almadia" de Pero Vaz de Caminha em 26 de abril de 1500 para a jangada de 1954 a diferença é muito menor do que entre as "três traves atadas" junto ao ilhéu da Coroa Vermelha e a embarcação ágil e dirigida que Koster está vendo com seus olhos de inglês nascido em Portugal.

Em 1809 a jangada está completa, evoluída, contemporânea. Os registros subseqüentes de viajantes do século XIX não alteram o conjunto nem trazem novidades. A jangada está formada e provou a sua presença desde os primeiros dias do Descobrimento até nossas tardes quando ela já viu transatlânticos, submarinos, aviões a jato e discos voadores.

O príncipe Maximiliano de Wied-Neuwied vê uma jangada na costa de Goiana, em Pernambuco, na manhã de 27 de junho de 1815.

> "Cruzamos, enfim, com uma embarcação de pescadores, carregando três homens; chamam a essas embarcações *jangadas*; são feitas de cinco a seis pedaços de uma madeira leve que no Brasil se denomina "pau de jangada", Koster nos deu uma estampa da jangada em sua viagem ao Brasil. Essas jangadas navegam com grande segurança no mar; são empregadas na pesca ou no transporte de diferentes coisas ao longo do litoral; andam muito depressa, impelidas por uma grande vela latina, presa a um mastro curto. Teríamos com prazer aproveitado a ocasião, após uma longa travessia, de conseguir peixe fresco, mas não valia a pena, para satisfazer esse desejo, correr atrás dos pescadores." *Viagem ao Brasil, 25.*[7]

Há outro retrato da jangada em 12 de novembro de 1816. Escreve o francês L. F. de Tollenare:

---

6   "Nothing this day created so much astonishment on board our ship, amongst those who had not been before upon this coast, as the *Jangadas*, sailing about in all directions. These are simply rafts of six logs, of a peculiar species of light timber, lashed or pinned together; a large latine sail; a paddle used as a rudder; a sliding weel let down between the twe centre logs; a seat the steerman, ond a long forked pole, upon whic is hung the vessel containing water, the provisions Ec. These rude floats have a most singular appearance at sea, no hull being apparent even when neat them. They are usually managed by two men, and go closer the wind than ony description of vessel": TRAVELS IN BRAZIL, Iº 4. London, 1817.

7   Tradução de Edgar Sussekind de Mendonça e Flavio Poppe de Figueiredo, refundida e anotada por Oliverio Pinto, C. E. N. São Paulo, 1940.

"Navegamos todo o dia a curta distância da costa, reconhecendo a entrada do pequeno rio Goiano, a Ponta de Pedras, o rio de Igaraçu e a interessante ilha de Itamaracá, que contém quatro belos engenhos e escapou de ser a sede do domínio holandês no Brasil. Vimos um grande número de baleias. O mar estava coberto de jangadas ou pequenas balsas do país, nas quaes os negros pescadores se aventuram com uma audácia assombrosa. As jangadas se compõem de três pedaços de madeira de 12 a 15 pés de comprido e 8 a 9 polegadas de largo, apenas esquadriados e ligados por travessas; uma delas é munida de um buraco no qual se implanta o mastro, que suporta uma vela triangular de algodão; na outra há um pequeno banco, de dois pés de altura, sobre o qual se acocora o piloto, a fim de colocar-se um pouco ao abrigo das vagas que a todo o instante alagam a embarcação.

Uma estaca fincada atrás do mastro serve para suspender o saco de farinha e o cabaço de aguardente. Cada jangada é tripulada por dois ou três homens; quando o vento as faz pender fortemente demais os homens se suspendem do outro lado, para fazer contrapeso; nadam como peixe e se a embarcação vira – vira muito raramente – introduzem entre os dois paus uma tábua que serve de quilha e de timão, arrancam o mastro e o banco, os reimplantam sobre a parte da balsa que ficou para cima e continuam a sua navegação sem cuidados, a balsa podendo navegar sobre as faces que são igualmente planas. As jangadas se aproximam muito mais do vento do que as embarcações de quilha, viajam com uma rapidez admirável, e se não é raro, dizem, vê-las percorrer dez milhas em uma hora. Oferecem um aspecto muito divertido para o espectador, mas para os tripulantes deve ser uma navegação muito penosa, por quanto a cada movimento das ondas eu as vi ficarem submersas"; *As Notas Dominicais, Riagp,* vol. XI, nº 61, 353.

Como despedida das transcrições há esta nota feminina de Elisabeth Cary Agassiz, acompanhando o marido e reparando, pela primeira vez, uma jangada no litoral nordestino num domingo de Páscoa, 17 de abril de 1865.

Encontra uma das jangadas mais rústicas e sem a vela característica. Chama-a *Catamarã* como se deparasse nas Índias Orientais. Mas a jangadinha estava lutando em mar alto, bem longe de terra, cruzando-se com o confortável "Colorado" que trazia de New York a missão Agassiz, com o sonho das geleiras e *morenas* glaciais ainda notadas nas quenturas dos trópicos.

"Tivemos esta manhã uma distração muito grande. Cruzamos com várias dessas embarcações frágeis e extravagantes que se chamam *catamarans*, tripuladas por pescadores que parecem, em cima dessa armação, verdadeiros anfíbios. O seu barco consiste em uns troncos de árvores amarrados juntos, por sobre os quais a onda passa a todo momento sem que os homens pareçam se incomodar com isto. Eles pescam, andam, sentam-se, levantam-se, bebem, comem, dormem em cima dessas quatro ou cinco vigas mal unidas, tão descuidados e parecendo tão à vontade como nós no meio do luxo do nosso possante navio. Habitualmente eles se recolhem ao porto ao cair da tarde; mas vêem-se alguns que, levados ao largo pelo vento, se afastam a duzentas milhas ou mais." *Viagem ao Brasil,* trad. Edgar Sussekind de Mendonça, 54, São Paulo, 1938.

Curioso é que frei André Thevet, que viveu no Rio de Janeiro de 10 de novembro de 1555 a 31 de janeiro de 1556, não haja citado a Piperi e fale somente nas *petites Almadies, ou barquettes composées d'escorces d'arbres sans clou ne cheuille, longues de cinq ou six brassées, et de trois pieds de larguer* que são as igaras ou ubás, canoas de casca ainda vivas no Pará, Amazonas e Mato Grosso.

Rugendas não desenhou a jangada e Debret apenas fixou a de transporte de madeira, *radeau de bois de construction.*

Modificações: a Vela,
a Bolina e o Remo de Governo

*H*enry Koster, na manhã de 9 de dezembro de 1809, descreve a jangada velejando diante do Recife. Completara a jangada o seu ciclo e estava funcionalmente terminada a evolução. Nenhuma alteração sensível para a jangada dos nossos dias, de Alagoas ao Ceará.

Existe a vela latina, triangular, *a large latine sail,* e a bolina também, *a sliding keel let down between the two centre logs.*

Em todo correr do século XVI não encontro menção da vela e ainda menos da bolina. Pero Vaz de Caminha, Jean de Lery, Fernão Cardim, Gabriel Soares de Souza, o autor do "Diálogos das Grandezas do Brasil", Gandavo, frei Vicente do Salvador, Marcgrav, Nieuhof, cronistas e observadores do século XVII, nada registram. Nem mesmo, desde Hans Staden, acusa-se a vela usada nas pirogas, ubás e igarités velozes. A propulsão é o remo, por bandas de remadores de pé.

Não era possível que este elemento essencial passasse desapercebido a tantos olhos em cento e cinqüenta anos de contacto indígena e de visão imediata da paisagem brasileira.

Não há a vela no século XVI e os holandeses não a mencionam, pelo menos Marcgrav e Joan Nieuhof, observadores excelentes, nas quatro primeiras décadas do século XVII.

Há, entretanto, fatos que merecem uma demora deduzidora para um esclarecimento necessário.

A vela daria à jangada a velocidade autônoma e a jornada ao mar largo, dezenas de milhas da costa, numa independência jamais sonhada pelas Piperis e Igapebas indígenas do descobrimento. Para a pescaria ao longo das praias, mariscando ao redor dos mangues ou nas enseadas e restingas era natural que o remo bastasse para o deslocamento da embarcação. Não havia, logicamente, necessidade viva de mar alto para obter-se o peixe ribeirinho. Nem o pescador indígena possuía anzóis de metal em quantidade para ampliar a pescaria com a terra distanciada, balançando a jangada no banzeiro das ondas. A Jangada do Alto apareceu para atender às urgências de uma alimentação multiplicada pela população branca e a esta, deduzivelmente, daria o aparelhamento europeu mais eficiente para o serviço da haliêutica, reduzida entre os indígenas à conquista da refeição diária.

A jangada de vela começou a viajar mar afora, abandonando as costas e deixando às jangadas menores os encargos de mariscar nos manguazes e gamboas pesqueiras. Só a jangada depararia o cardume de Voadores ou de peixe de piracema em águas afastadas. Decorrentemente haveria o conhecimento dos ventos mais constantes do quadrante, ventos de terra para o mar, nas idas, e ventos do mar para terra, no regresso. E a ciência de bordejar, utilizando o pano para o impulso equóreo inconstante, aproveitando as várias direções das rajadas como o manejo da escota, ampliando ou reduzindo a superfície da vela.

Há em novembro de 1635 um episódio que precisa ser estudado. D. Lopo de Hozes y Cordova e D. Rodrigo Lobo vêm da Europa com uma esquadra de trinta velas. Traziam a bordo D. Luis de Roxas y Borja como Mestre de Campo General para render Matias de Albuquerque e Pedro da Silva para substituir o Governador Geral do Brasil. ROBERTO SOUTHEY ("História do Brasil", II$^{\circ}$, 308) informa:

> "Só duzentos homens tinha Schuppe consigo na capital destas conquistas, e ao ver acercar-se a armada hespanhola logo se deu por perdido. Os moradores portugueses, contando já ao aparecer tão grande frota ver desembarcar os seus conterrâneos, estavão promptos a levantar-se contra os conquistadores, chegando alguns a tomar armas. Mas os generaes, nem sequer aguardando informações, governarão para o Cabo de Santo Agostinho, onde receberão as primeiras novas de terra, *levadas por um homem que se aventurou a sahir ao mar numa jangada.*"

Duarte de Albuquerque Coelho ("Memórias Diárias da Guerra do Brasil", 217-218) narra mais detalhadamente:

> "Formando os generais conselho para deliberar-se onde iriam primeiro, se à Bahia ou diretamente a Pernambuco, decidiu-se a favor do segundo quesito, na *hipótese de que aqui achariam alguma jangada de pescadores,* dos quaes colheriam as informações necessárias para seu governo."

Assim era do conhecimento dos generais espanhóis e portugueses que, em 1635, as jangadas pescavam em mar alto, na linha das naus de bordo altaneiro e que não se podiam aproximar demasiado da costa porque demandavam muita água para o calado.

E ainda escreve o Donatário da Capitania de Pernambuco, Marquês de Basto, Conde e Senhor da terra que o holandês invadira cinco anos antes:

"O general Segismundo ficou tão desanimado ao reconhecer nossas armadas, que arrojando o bastão e o chapéu disse: – "Estou perdido". E alguns dos seus correram a dar aos moradores mais vizinhos peças de prata e outras coisas preciosas, pedindo-lhes que as guardassem, com grande demonstração de rendidos oferecendo a metade do que lhes restituíssem, depois que os nossos tomassem posse da terra, pois que não podiam defender-se. Com isto começaram os moradores a mover-se, querendo tomar armas, *enviando avisos em jangadas às armadas*. Mas como elas não fundearam e o tempo era do nordeste, em que as águas correm para o sul, foram descaindo de modo que não puderam as jangadas alcançá-las. Assim se perdeu tão importante ocasião, somente por esperar-se informação de terra."

A ida de jangadas ao encontro da esquadra de dom Lopo de Hozes y Cordova positiva um melhoramento irrecusável. A remo, como as clássicas jangadas de outrora, não ousariam a jornada pela impossibilidade do tempo e lentidão do deslocamento alheio a uma direção estabelecida e certa.

Só o uso da vela explicaria esta viagem das jangadas pernambucanas para o cabo de Santo Agostinho, mar alto, buscando a frota guerreira que tão pouco havia de fazer pela reconquista do Brasil português e católico.

Outro acontecimento, este em janeiro de 1654, é a fuga de Nicolas Claez da fortaleza das Cinco Pontas no Recife para Itamaracá, Cabedelo e Natal, levando a notícia da rendição das armas holandesas.

Frei Rafael de Jesus, *Castrioto Lusitano* (primeira edição, Lisboa, 1679) narra o fato:

"Os Holandeses (pérfidos por natureza, que o são em toda a fortuna), naquele mesmo ponto em que se deu princípio à prática da entrega ordenárão (e quando menos consentirão) que um seu tenente coronel Nicolas, de cuja pessoa e traições fizemos algumas vezes memória nesta relação, *saísse do Arrecife* (com título e aparências de fuga) *em uma jangada,* que sem rumor nem vulto podia escapar facilmente à vigilância de nossa armada, favorecido da escuridão da noite, aportou à ilha d'Itamaracá; avisou o estado das cousas, e persuadiu a muitos moradores e Índios que se embarcassem com todos seus móveis, e fugissem em duas fragatas que estavão no porto; o que fizeram levando consigo todos os escravos que havia na ilha. Foi à Paraíba, deu o mesmo aviso, e aconselhou aos soldados que obrigassem com razões, quando não com violência, ao coronel Authim governador d'aquela capitania e fortaleza a que fizese o mesmo e se embarcaram com todo recheio, munições e armas, que poderão levar. Quasi com similhante aviso e sucesso deixarão os Flamengos a fortaleza do Rio Grande, o que se fez sem que nos chegasse a menor notícia." (Ed. de Aillaud, Paris, 1844, 598-599.)

Southey ("História do Brasil", III$^{\underline{o}}$, 329) registra:

"Um coronel holandez, por nome Nicolaas, salvou ainda algumas das guarnições remotas. Sahindo do Recife n'uma jangada, levou a notícia a Itamaracá, Parayba e ao Potengi."

Semelhantemente Varnhagen escreve (História das lutas com os Hollandezes no Brasil", 378-379):

"Sucedeu porém, que em quanto a capitulação se negociava, havia conseguido escapar-se do Recife, em uma jangada, e disfarçado em pescador, o tenente coronel Claes; por ventura receoso de cair em poder dos nossos, e ser julgado como desertor e rebelde; o qual aportando na Paraíba, antes que aí se tivesse recebido a circular acima, tais notícias aterradoras espalhou, que o coronel Hautijn, com ele e os demais holandeses aí residentes, se embarcaram precipitadamente, e sem ao menos poderem dispor dos seus bens e escravos: estes com os índios, se meteram ao sertão. Cumpre acrescentar, em honra do coronel Hautijn, que antes de partir soltou ele os prisioneiros nossos que retinha; e lhes entregou a fortaleza, para que se defendessem contra qualquer ato de barbaria. Em Itamaracá o tenente coronel Lobbrecht se entregou com trezentos e trinta soldados. Os do Rio Grande se haviam embarcado, como os da Paraíba, antes de chegar a intimação."

Esta viagem clandestina do coronel Nicolas Claez, privando aos vencedores de receber três praças de guerras com as alegrias rituais de triunfo, foi possível numa jangada.

Como seria esta jangada de janeiro de 1654? Sem vela seria possível vencer as vinte milhas do Recife a Itamaracá, as quarenta e oito a Cabedelo e as setenta e oito a Natal, numa jornada de 146 ou melhor, 150 milhas? Não é crível.

Dois estudiosos de assuntos do Brasil Holandês, José Honório Rodrigues e Joaquim Ribeiro,[8] crêem que a aplicação da vela à jangada *foi obra do holandês*:

"A jangada, que já na Carta de Pero Vaz de Caminha, vinha descrita como usança ameríndia logrou maior expansão no tempo do holandês. A razão é fácil de explicar, aliás. Nos canais e rios dos Países Baixos, desde o tempo de celtas e

---

8   José Honório Rodrigues e Joaquim Ribeiro, *Civilização Holandesa no Brasil*, 168, Brasiliana, 180, São Paulo, 1940.

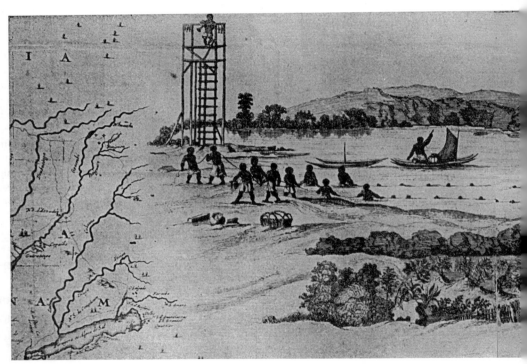

Trecho do mapa de Maragrar (1643) – Gentileza do Dr. Renato Almeida

romanos eram comuns as balsas. Houve, pois, uma colisão de complexo cultural nórdico com um complexo americano. Creio que foi essa colisão, que solidificou esse complexo na costa nordestina. E é razoável admitir que foi obra do holandês a aplicação da vela à jangada. Isso, todavia, é uma conjetura, baseada unicamente no progresso da técnica marítima daquele povo."

Já no século XVII os Países Baixos estavam com sua navegação interna de rios e canais inteiramente feita pelas barcas de fundo chato, as *trekxhuits*[9] ainda contemporâneas e popularíssimas na Holanda e que, realmente, foram trazidas para o nordeste brasileiro e entregues ao serviço de transporte nos rios e costas do domínio da Companhia Privilegiada das Índias Ocidentais com o nome de *barcas pichilingues*. Creio que, ao lado do *bróte, pichilingue* é uma das duas raríssimas reminiscências batavas na linguagem do nordeste. A balsa, praticamente, desaparecera na Holanda pela sua pouca capacidade de carga e mesmo no transporte pessoal. A *trekxhuit* já estava reinando. Da importância da barca pichilingue no Recife resta lembrar que possuía um diretor, homem de prol, o conselheiro Gilberto de With, Presidente dos Escabinos e *Diretor das barcas Pichilingues do Porto do Recife,* como assina na rendição holandesa na Campina do Taborda em 23 de janeiro de 1654.

Mesmo durante o domínio português a pesca era no litoral nordestino, segundo informação do insuspeitíssimo Marcgrav, *riquíssima e lucrativa para o Lusitano, quando estas cousas lhes pertenciam na íntegra*. E adianta Marcgrav: — *presentemente se acham muito abandonadas*. Marcgrav esteve no Brasil de 1638 a 1644 e não modificou o que escrevera no seu "História Natural do Brasil" (pág. 262 da versão brasileira). O seu anotador, Joannes de Laet, na *princeps* de 1648 (Amsterdam, Elzevirus) é o responsável pelo período subseqüente em que afirma: *Depois porém esta aparece reassumida pelos nossos em grande escala*. Assim, deduzo, a jangada teria para portugueses e holandeses o mesmo impulso sem predomínio sensível. O aumento da população determinava o volume do pescado. Na Holanda como em Portugal e Espanha o peixe é de preferência popular. São países com grandes extensões de praias e, ainda hoje, o pescado é indispensável em certas regiões. No Brasil holandês não sei se haveria abundância. O bacalhau, depois de 1640 vindo regularmente da Terra Nova para Pernambuco, custava mais barato que o simples peixe salpreso. O primeiro, 0,15 de florim e outro 0,20 de florim por uma libra.

---

9   Correspondendo aos "Peniches" e "chalands" dos rios e canais franceses.

Seria este peixe salpreso importado da Holanda, arenques, por exemplo? E não haveria também o preparo local dos peixes nordestinos, como se costumam fazer ainda hoje e continua vendido nos mercados e ido para o interior dos Estados, para as populações sertanejas, o Voador, o Caíco, o Agulha, etc.

Surpreendente é o nenhum registo da vela nas jangadas na documentária holandesa no Brasil. Marcgrav e Nieuhof descreve a jangada sem a menor alusão à vela que seria característica. Surpreendente porque, de 1638 a 1644 viveu Jorge Marcgrav no nordeste, e Joan Nieuhof, de dezembro de 1640 a julho de 1649, reside na mesma região e nesta época, indiscutível e logicamente, a jangada já usava pano de vela.

A ida das jangadas em novembro de 1635 ao Cabo de Santo Agostinho levando notícia dos portugueses à esquadra de dom Lopo de Hozes y Cordova denuncia insofismavelmente o uso da vela e, com forte possibilidade, o emprego da bolina. Não seria crível de outra forma vencer distância e vento, soprando o nordeste para o sul, de proa, na extensão do mar.

O holandês chegara em 1630 e não havia decorrido tempo útil para uma influência decisiva, dando uma novidade de importância radical à embarcação de uso velhíssimo e concorrentemente de resistência conservadora profunda e poderosa. O homem do mar é o mais conservador pela própria essência da profissão imutável e as alterações são advindas em escala lentíssima. Cinco anos não são espaço de tempo bastante para uma transformação total no meio náutico tradicionalista. Desaparecia o emprego secular dos remos. Outra técnica estava presente, técnica da vela, conhecimento dos ventos, direção pelo remo de governo, único, substituindo toda bandada de remadores no ritmo propulsor. Não se impunha a vela durante um simples lustro. Deveria existir muito antes.

Verdade é que descobri jangadas de vela no domínio holandês e somente em 1643. Ao lado está a jangada sem vela. Pescam na costa alagoana. É uma ilustração de Marcgrav, justamente o JORGE MARCGRAV que as descreve sem velas no seu "História Natural do Brasil". O desenho está no *Brasiliae Geographica & Hydrographica Tabula Nova, continens Praefecturas de Ciriji, um Itapuama, de Paranambuco Itamarica Parayba & Potiji vel Rio Grande. Quam proprijs observationibus ac demensionibus, diuturna peregrinationi a se habitis, fundamentaliter superstruebat & Delineabat Georgius Marggraphius, Germanus, anno Christi 1643,* de que há cópia na mapoteca do Ministério das Relações Exteriores.

Na altura de Alagoas há um desenho de cena de pescaria possivelmente numa das lagoas toponímicas da região. Dez indígenas puxam uma rede bem visível no colar das bóias de cortiça. Um outro, empoleirado numa armação de madeira, com tablado, defesa e escada, superintende o serviço, com a buzina na mão para a comunicação das ordens. É o *arrais* que ainda existe nas praias do nordeste, trepado no seu girau, dirigindo a tarefa dos pescadores próximos ao litoral quando passa a piracema das tainhas.

Este "arrais" e sua aparelhagem de torre de vigia e buzina dizem da presença européia. Entre os indígenas anteriores a 1500 não havia pensamento para organização semelhante. Ela existia em Portugal. Na Holanda a pesca é, em sua maior percentagem, de mar alto. Não existe a figura do Arrais.

À margem está uma jangada com um mastro sem vela. Adiante, deixando o porto, navega outra, empurrada a vara e com uma vela aberta.

É a mais antiga gravura que conheço de jangada com vela no Brasil.

As duas jangadas são pequenas e pertencem ao tipo das Piperis e Igapebas.

O indígena vareiro está ajoelhado. A vela medirá pouco mais de sua estatura, os lógicos 1.60 dos tupis.

É uma vela latina, quadrangular, armada numa carangueja. As latinas trabalham em caranguejas, pequena verga posta obliquamente ao mastro, quando são quadrangulares, ou sem caranguejas quando são de forma triangular porque nestas a extremidade superior se prende diretamente ao mastro. Têm o movimento de popa a proa ao contrário da vela redonda ou quadrada, trabalhando numa verga que cruza todo madeiro do mastro e se move na direção bombordo e boreste.

As velas das jangadas atuais são latinas e triangulares. Desapareceu a carangueja, indispensável para a quadrangular, usada na jangadinha de 1643.

A jangada conta ao que parece com apenas três paus e o mastro está firmado diretamente no meio. Não há banco de vela. O que denomino varapau pode ser remo com o cabo bem longo, dando a impressão do varejão português.

Dos aviamentos aparece somente o samburá para o peixe.

Na extremidade do desenho passa uma canoa sem vela, impelida a remo por um só remador e levando vasos redondos, possíveis samburás, para guardar o pescado.

Esta era a evolução da jangada na primeira metade do século XVII.

Já em 1643 estava integrada na paisagem econômica do nordeste com uma velinha quadrangular e entregue à prática de um indígena.

Houve mesmo um nome tupi para a vela quando ela se fixou no seu feitio triangular e que se tornou único. Chamavam-na "língua branca", *cûtinga, a sutinga* no nheengatu amazônico (Stradelli).

Como as velas mais antigas foram sempre quadradas[10] ou trapezoidais, a latina triangular faz crer no aproveitamento de uma técnica evoluída e consciente.

Não havendo documentação brasileira da vela nas jangadas, antes de 1643 ou posteriores ao domínio flamengo, fixando os tipos intermediários do pano, é de deduzir-se que a forma triangular e em uso comum provenha de um modelo apresentado e introduzido durante fins do século XVII. Modelo já terminado e suscetível de emprego imediato e em maneira mais ou menos obrigatória pois depressa a moda se espalhou e teve aceitação por toda a costa até nossos dias.

Se pensarmos melhor o mesmo problema ocorre com as ubás, igarités e canoas igualmente sem vela no século XVI. Mas a documentação aparece nos finais do século XVII e já minuciando seu fabrico. Ninguém espera que o informador seja o padre Antônio Vieira mas realmente é ele mesmo, com a precisão sonora e rebuscada de sempre, ensinando que as velas, naturalmente para canoas, eram feitas com o desfiamento da palmeira jupati. Deduz-se insofismavelmente que as velas de algodão eram populares e naturais nas embarcações em serviço del-rei.

Escreve o padre Vieira:

> "As velas, se as não há, ou rompem as de algodão, não se tecem mas lavrãose com grande facilidade, porque são feitas de hum só páo leve e delgado, que com o benefício de um cordel se serra de alto a baixo, e se dividem em taboinhas de dous dedos de largo, e com o mesmo de que fazem as cordas, que chamam embiras, amarrão e vão tecendo as tiras, como quem tece uma esteira, e este páo de que ellas se formão se chama jupatí, e estas velas, que se enrolão com a mesma facilidade que huma esteira, tomão tanto e mais vento que o mesmo pano."[11]

Não é preciso lembrar que o padre João Daniel e Rodrigues Ferreira ensinam longamente como se tece uma vela, como fazem as cordas dos barcos. Mas são notícias do século XVIII quando o uso é comum, geral e velho.

Se, como creio, as jangadas têm velas em 1635 na costa pernambucana as teriam uns quarenta anos antes? Não vamos disputar. Digamos

---

10   A jangada de Ulisses tinha vela quadrada na verga.

11   Citação do almirante Alves Câmara, *Ensaio sobre as Construções Navais Indígenas do Brasil*, p. 121, Brasiliana-97, São Paulo, 1937.

trinta e cinco sabendo que é impossível fixar uma data como do nascimento de criança.

A aplicação da vela é para mim impositivo de mão européia e ter-se-ia dado entre a Bahia e Pernambuco, na região mais povoada e habitual no uso jangadeiro. Quando? Fins do século XVI e antes de 1635.

Por que não antes? Porque não conheço documento que a registe ao sul ou ao norte da equinocial.

O autor da façanha seria o colonizador português. Ele adaptou a vela triangular dos muitos barcos ribeirinhos à jangada pescadeira, indispensável para o suprimento de sua casa, engenho de açúcar ou propriedade rural, confiando-a aos escravos ameríndios.

Por que desapareceu a vela quadrangular? Porque a triangular era de mais fácil manejo, dispensando a carangueja. É uma simplificação que denuncia adiantamento. As balsas sul-americanas do Pacífico usavam velas quadradas na verga. Assim a "Kon-Tiki" velejou para a Polinésia. Assim a balsa de Guaiaquil vista por Jorge Juan e Antônio de Ulloa em 1736.

Ter-se-ia verificado o uso da vela triangular quando a jangada cresceu, facilitando toda a tripulação à tarefa comum. Tira-se o mastro da carlinga e enrola-se a vela durante a pescaria.

Resta a bolina. Quando seria aplicada à jangada?

É visivelmente uma adaptação que julgo mais de duas vezes secular. Em 1809, há 145 anos, era comum. Henry Koster descreve-a nas águas do porto do Recife em 9 de dezembro de 1809: – *a sliding keel let dow between the two centre logs*. Certa a posição entre os dois *meios* talqualmente em nossos dias.

A bolina, de origem náutica européia, recebeu do inglês o batismo, *bowuline,* de *bug, bow, boe, proa,* e *line,* corda.

O "Dicionário Técnico de Marinha", (Almirante ANFILÓQUIO REIS, Rio de Janeiro, 1947), define: – "Cabo que leva mais para vante a testa de barlavento das velas, para maior efeito do vento sobre o pano". Seu próprio nome, *bow-line,* corda de proa, dista materialmente da segunda acepção:

> "Peça de madeira ou uma chapa de ferro, plana, resistente, em forma de grande faca, introduzida verticalmente por baixo da quilha das embarcações a vela; principalmente nos *cuters,* para maior estabilidade; o mesmo que "esparrela" ou "espadelo". E ainda: – "Reforço saliente no costado dos navios, abaixo da linha de flutuação e no sentido de popa à proa, para moderar o balanço."

A bolina da jangada é aquela peça de madeira introduzida verticalmente, como uma grande faca, metida entre os dois *meios,* mergulhando na água uns oitenta centímetros. Devia ter viajado muito tempo para vir de cabo comprido que prende a vela à amurada, quando se manobra para tomar vento de banda, até constituir, com o mesmo nome, uma tira de madeira, equilibradora da jangada ou dos *cuters.*

Conheceram-na os nossos indígenas antes de 1500? Não pode haver afirmativa. A bolina não existiu no Brasil senão muito depois da colonização.

Era conhecida por outros ameríndios? Bem possivelmente. No Peru chamavam-na *guara.*

No Brasil não lhe sei o nome em nenhum idioma indígena. É bem um sinal de sua ausência.

Nas embarcações sul-americanas da costa do Pacífico, com possível maior intensidade na pesca, é provável a existência da bolina, justificando o avanço das balsas para a pescaria de dourados e atuns na corrente fria de Humboldt, sessenta e mais milhas de mar alto.

Nos desenhos antigos, infelizmente sem indicação de datas, copiados por Erik Hesselberg ("Kon-Tiki e eu", 33, ed. brasileira, São Paulo, sem data) há grande jangada com vela quadrada na proa, dois remeiros por banda e um remando na popa, o que não vi ainda nos desenhos brasileiros do século XVI. Todos remavam de lado das canoas. Mais duas jangadinhas espalham uma rede de pescar. Teriam os nossos indígenas este processo de pescar com redes utilizando as igapebas e piperis? Agradecerei a graça da informação.

Sendo assim, os elementos ameríndios do litoral do Pacífico eram mais amplos. Thor Heyerdahl afirma categoricamente a presença do que o tradutor brasileiro denominou *quilhas corrediças* ou sejam as "guaras" ou nossas bolinas, como anteriores aos espanhóis, vindas do tempo dos Incas. Se, como ele pensa, Kon-Tiki empregou-as em sua viagem para a Polinésia no século V, então ainda mais velhas se tornam.

Creio que, para nós, a bolina mantendo seu nome estrangeiro indica influência alienígena inicial. As jangadas possuíam denominações tupis e guardam batismo malaio. A bolina nunca nos apareceu senão com sua designação estranha que se popularizou em todo o Brasil.

As jangadas brasileiras empregam apenas uma bolina e Heyerdahl usou cinco na sua balsa. É um documento justificador de um conhecimento antiquíssimo que não tivemos em nosso litoral atlântico no nordeste, região jangadeira por excelência.

Teria a jangada recebido a bolina diretamente ou por intermédio dos barcos, canoas, baiteiras, ubás de pesca? Creio que a jangada recebeu a bolina depois de outras embarcações leves, destinadas à pesca no alto-mar. Para estas o processo modificador no plano aquisitivo foi bem maior e mais acelerado. Receberam vela, leme, cordoalha, âncora, naturalmente o tauaçu, os ensinamentos da navegação orientada pelos acidentes da costa, formas empíricas da latitude e da longitude que se denominaram *caminho* e *assento,* o primeiro de norte a sul e o segundo de leste a oeste, enfim navegação observada pela marcação de pontos fixos no litoral.

Depois da vela a bolina tornou a jangada atrevida e sem os pavores que viajavam nas igarapebas dos tupiniquins do século XVI. Não havia de surgir senão com a necessidade de fazer-se ao mar largo e a pescaria demorar tempo oportuno para obtenção de maior volume de pescado.

Esta condição apareceu quando a população, mestiça, branca, escravaria negra, avultou em número exigindo suprimento que já não podia ser atendido pelas jangadinhas velhas, remadas com o pescador sentado, as pernas estendidas e sem grandes possibilidades de aprovisionamento. A vela levava-se para longe, para a linha do mar onde os peixes abundavam, e a bolina defendia-lhes da oscilação das vagas revirando as embarcações.[12]

O problema conjugado da vela e da bolina nas jangadas e balsas é o motivo apaixonante de estudo de um eminente pesquisador uruguaio, o arquiteto naval Fritz A. Rabe que se dedicou com os elementos de uma inteligência penetrante à observação dos documentos existentes no assunto e nos dará em breve solução ou roteiro de todo um programa útil no conhecimento real.

De vela e bolina nos primeiros anos do século XVI conhecia eu, como a primeira notícia, o encontro do navegador Bartolomé Ruiz em 1526 com uma grande balsa, navegando com vela e bolina nas alturas do Equador nas águas do Pacífico.

Na sua "História de la Conquista del Perú" (ed. Mercurio, Madrid, 137-138, s.d.), o historiador norte-americano William H. Prescott registra o episódio de Bartolomé Ruiz em 1526.

---

12 José de Alencar, em 1865, no proêmio do "Iracema", inclui a vela numa jangada nos primeiros dez anos do século XVII: "Onde vai a afouta jangada, que deixa rápida a costa cearense, aberta ao fresco terral a grande vela?"

Escreve Prescott:

"Sin permanecer en esta costa amiga lo suficiente para desengañar a los sencillos naturales, Ruiz, alejándose de la costa, entró en alta mar; pero no habia navegado mucho tiempo en esta dirección, cuando le sorprendió descubrir un buque que con la distancia parecia una carabela, pero atravesada por una vela muy grande que la arrastraba lentamente por la superficie del agua. El antiguo marinero se confundia al contemplar semejante fenómeno, porque estava seguro de que ninguna nave europea podía haber llegado antes que él a estas latitudes, *y ninguna nación india de las hasta entonces descubiertas, ni aun la civilizada nación mejicana, conocia la aplicación de las velas a la navegación.* Al acercarse descubrió que era una grande embarcación, o, por mejor decir, una balsa, que consistia en un gran número de vigas de una madera ligera y porosa, fuertemente atadas unas a otras, y con un ligero suelo de cañas por encima a modo de cubierta. Dos mástiles o palos gruesos, colocados en el centro del buque, sostenían una gran vela cuadrada de algodón, mientras que un grosero timón y una especie de quilla hecha con una tabla encajada entre los maderos facilitaba al marinero el que diese dirección a esta clase de buque, que seguía su curso sin la ayuda del remo (I). La sencilla construcción de esta máquina flotante bastaba para las necesidades de los indigenas, y también las ha bastado hasta la época presente, porque la balsa, con su pequeña choza en medio, aun se usa para transportar pasajeros y equipajes en algunos rios y en algunos puertos de esta parte de la costa del continente suramericano."

Em nota assinalada sob número (I) Prescott cita: – "Traía sus mástiles y antenas de muy fina madera y velas de algodón del mismo talle de manera que los nuestros navios".

"Relación de los primeros descub, de Pizarro y Diego de Almabro, sacada del códice núm. 120 de la Biblioteca Imperial de Viena, MS."

Este surpreendente documento testificava a existência da vela e também da bolina, *una especie de quilla hecha de con una tabla encajada entre los maderos,* que Prescott denominou *moveable keel,* em 1526, afastando, pela situação, toda e qualquer influência européia.

O Sr. Fritz A. Rabe, em carta que me dirigiu em 23 de julho de 1952, de Montevidéu, recusa todo crédito a Prescott:

"El primer relato de la balsa peruana proviene de Bartolomé Ruiz, quien en sua exploración hacia el sur se encontró con una de gran tamaño frente a la Isla del Gallo, en la hoy costa ecuatoriana. El relato que el historiador norteamericano Prescott hace en sua 'History of the Conquest of Peru' de la misma, y en especial de lo que el llama *moveable keel* (orza o bolina), afirmando que proviene de uno manuscrito de autor desconocido, existente en la Biblioteca Imperial de Viena, *es una simples fantasia.* He hecho verificar el mencionado manuscrito (identificado con el número Nova Ser. 1600) *y nada, absolutamente nada, dice de algo que se pudiera parecer a un 'moveable keel'.* Sinembargo, existem indicios de que realmente ya la 'bolina' o 'guara', como la llaman en el Peru, ya existia en aquela época."

Prescott escrevia em 1847 notando que as balsas com vela e bolina continuavam imutáveis e em pleno uso ininterrupto como nas primeiras décadas do século XVI.

De quando começou o uso da bolina e da vela? Thor Heyderdahl, o chefe da "Expedição Kon-Tiki" que alcançou de balsa a ilha Raroia na Polinésia, oito mil quilômetros de mar desde Callao no Peru, de 28 de abril a 7 de agosto de 1947, afirma, descrevendo a construção náutica:

"Em vários lugares onde existiam grandes fendas entre toros, introduzimos ao todo cinco sólidas pranchas de abeto, cujas pontas imergiam na água sob a jangada. Foram postas mais ou menos a esmo e penetraram um metro e meio n'água, tendo 25 mm de espessura e 0,60 de largura. Ficavam seguras no respectivo lugar por meio de cunhas e cordas e serviam de pequeninas quilhas paralelas. *Quilhas deste tipo eram usadas em todas as jangadas de pau de balsa nos tempos dos incas, muito antes da época dos descobrimentos,* e eram destinadas a evitar que as jangadas chatas de pau vogassem para qualquer lado à mercê do vento e das ondas" ("A Expedição Kon-Tiki", 56 da 5ª ed. brasileira, São Paulo, 1952).

De sua eficiência há depoimento de Thor Heyderdahl em pleno Pacífico:

"Nessa curta excursão rumo ao falso escolho, aprendemos muita coisa acerca da eficiência das quilhas corrediças e quando, posteriormente, no decorrer da viagem, Herman e Knut mergulharam juntos debaixo da jangada e salvaram a quinta quilha corrediça, ficamos sabendo ainda mais particularidades a respeito dessas curiosas pranchas, coisa que ninguém entendeu desde que os próprios índios abandonaram esse esquecido esporte. Que a tábua fizesse o trabalho de uma quilha, permitindo à jangada mover-se num ângulo com o vento, era coisa de navegação ordinária. Quando, porém, os antigos espanhóis declararam que os índios em grande parte "dirigiam" suas jangadas de pau de balsa no mar com "certas quilhas corrediças que introduziam nas fendas entre os toros de pau", isto parecia incompreensível tanto para nós como para todos que se haviam ocupado com o problema. Como a quilha corrediça ficava segura simplesmente numa frincha estreita, não podia ser virada para o lado e servir de leme.

Descobrimos o segredo da seguinte maneira. O vento havia-se firmado e o mar estava calmo novamente, de forma que a Kon-Tiki vinha, há dias, mantendo uma rota firme, sem precisarmos bulir no remo de governo que estava amarrado. Introduzimos numa frincha posterior a quilha corrediça recuperada, e no mesmo instante a Kon-Tiki alterou o curso vários graus de oeste para noroeste, prosseguindo com firmeza e tranqüilamente na sua nova derrota. Se tornávamos a puxar para cima essa quilha, a jangada volvia ao curso primitivo. Se, porém, a puxávamos para cima só até o meio, a jangada volvia, apenas até o meio, à marcha anterior. Com o simples erguer e baixar da quilha corrediça podíamos operar mudanças de curso e mantê-las sem bulir no remo de direção. *Era este o engenhoso sistema dos incas.* Tinham excogitado um sistema simples de balanças mediante o qual a pressão do vento na vela fazia do mastro o ponto fixo. Os dois braços eram respectivamente a jangada anterior e posterior ao mastro. Se a superfície da quilha corrediça atrás era mais pesada, a proa girava livremente com o vento, mas se era mais pesada a superfície da quilha corrediça à frente, a popa rodava com o vento. As quilhas corrediças que se acham mais próximas do mastro têm naturalmente menos eficiência por causa da relação entre braço e força. Se o vento estava de popa, as quilhas corrediças deixavam de ser eficientes, e então era impossível conservar firme a jangada sem continuamente pôr a trabalhar o remo de direção. Se a jangada permanecia assim em todo o seu comprimento, ela era um pouco comprida demais para sulcar as águas livremente... Certamente podíamos ter continuado a nossa viagem pondo em pé o timoneiro e dando-lhe a incumbência de ora empurrar uma quilha corrediça por uma fenda abaixo, ora puxá-la para cima ao invés de puxar para o lado as cordas do remo de direção, mas já estávamos tão acostumados ao remo de direção que fixamos com as quilhas corrediças numa direção geral e preferimos governar com o remo" (pp. 109-110).

Esta viagem da "Kon-Tiki" da costa do Peru ao arquipélago de Tuamotu na Polinésia, nas lonjuras de 4.350 milhas de solidão oceânica sem o encontro de um só navio em 101 dias de mar, revalorizou a jangada.[13]

Tanto é mais sugestivo e de poderoso excitamento esta viagem da "Kon-Tiki" quanto para nós do nordeste brasileiro ela representa um elemento vivo na existência normal do povo ainda fiel às jangadas pescadoras. Por isso quando Thor Heyderdahl escreve que *não existia nenhuma pessoa viva no nosso tempo que nos pudesse ministrar um curso prático avançado de como governar uma jangada indígena,* responderia "presente!" a voz de mil jangadeiros das Alagoas ao Ceará.

E a pesca dos atuns e dourados na corrente fria de Humboldt, 50 a 60 milhas marítimas da costa do Peru, no tempo de Pizarro, Zarate e outros conquistadores, corresponde perfeitamente à pescaria atual nas Paredes, em distância idêntica, buscando garoupas, meros e dentões.

Talvez a afirmação de Heyderdahl se baseia na página de Prescott referente à guara peruana ou bolina dos nossos jangadeiros, negada por Fritz A. Rabe.

13　O americano William Willis, de 61 anos na balsa "Sete Irmãzinhas", saiu na costa do Peru em 22 de junho e atingiu, em 14 de outubro de 1954, Pago-Pago, na ilha de Toutouila, Samoa, em companhia do gato "Meekie". Não tenho pormenores sobre a embarcação que levava roda de leme ao invés do tradicional remo de governo, usado nas nossas jangadas e na "Kon-Tiki". Um jornal espanhol "Madrid", de 25-X-1954, noticiando o regresso de William Willis aos Estados Unidos, de avião, informava: – *El loro que también le acompañaba no terminó el viaje el gato se lo comió.*

A Jangada vista por Henry Koster a 9 de dezembro de 1809 no Recife. É a primeira descrição do século XIX

Da bolina nas águas sul-americanas do litoral do Pacífico a descrição incontestável data de 1736 e foi feita por Jorge Juan e Antônio de Ulloa. Devo ao Sr. Fritz A. Rabe esta informação em carta de 12 de setembro de 1952:

> "También aqui los cronistas del Descobrimiento y de la Conquista, si bien ya confirman el uso de la vela, no mencionan el uso de la *guara* que es el equivalente de la *bolina* de la Jangada Brasileña. Sin embargo el uso de la vela allá por 1525 por la Balsa hace muy probable (por razones técnicas) la existencia de la "guara" en aquella época. Pero recién en 1736 existe la primera mención y una descriptión de la técnica de su uso en la "Relación Histórica del Viaje a la América del Sud" por Jorge Juan e Antonio de Ulloa. A estos brillantes autores y cronistas les debemos igualmente la primera reprodución pictórica de una de estas fascinantes embarcaciones. Ajunto una cópia fotográfica de esta ilustración, que me permito ofrecerle como testimonio de mi agradecimiento por su valiosa cooperación en la ardua tarea que realizo."

Não temos nós do Brasil tradição denunciadora do uso da vela antes do português e mesmo quase cem anos depois de sua presença. Para a região do Amazonas, nas viagens do descobrimento em 1542 e 1639, com melhor exposição registradora, não se depara menção do pano de vela. Mesmo no Mato Grosso, tão intensamente povoado de indígenas, ainda em 1828, no Brasil Império, Luis d'Alincourt informava:

> "As únicas embarcações, que na Província se empregam na navegação deste rio (*Sipituba, afluente do Paraguai*), são canoas grandes e pequenas, a que chamam batelões, construídas de um só tronco, puxadas a varas e a remo curtos, *sendo desconhecido o uso de velas*."

Se, documentadamente, a vela existia em 1643 aplicada a uma jangadinha é de prever seu uso em finais da centúria anterior. Começaria pelas canoas, igarités, ubás, terminando pela jangada ainda em menores dimensões.

Nos compêndios didáticos brasileiros ensina-se que a vela era conhecida dos Caribes que a empregavam nas suas embarcações. O Sr. Fritz A. Rabe nega formalmente, citando Garcilaso de la Vega e outros, inclusive Brasseur de Bourbourg de quem não é possível saber-se o limite exato entre sua erudição e fantasia, ambas amplíssimas. "De acuerdo con todo lo que yo podido encontrar, a la llegada de los europeos al Mar Caribe no se conocia el uso de la vela entre los indígenas", escreve-me o Sr. Rabe.

Crê, com opinião sedutora, que a vela estava usada no Pacífico e bem seria possível tê-la o brasileiro recebido de lá, via Peru, através dos afluentes do rio das Amazonas. Pero de Magalhães Gandavo, escrevendo antes de 1570, menciona comunicação entre os dois países... *E até hoje hum só caminho lhe acharão os homens vindos do Peru a esta Província.*

Gandavo cita a viagem de Orellana.

Erland Nordenskiold ("Origin of the Indian Civilizations in South America", table-II) registrando os *Oceanic culture-elements in South America,* indica a vela no império do Peru durante os Incas, na América Central e México, correspondendo à presença na Melanésia e Polinésia. Precisando os tipos, Nordenskiold fixa a vela quebrada (*sail, square*) para o Peru incaico apenas, sem outro sinal nas demais áreas culturais etnográficas, a vela triangular *(sail, triangular),* identicamente usada no Peru dos Incas, somente. Para a região da América Central e México há pontos de interrogação. No Brasil, ausência de qualquer notícia, em ambos os tipos.

Assim é constatada a ausência da vela no Amazonas e Pará no século XVI, finais, e XVII até a segunda metade.

Por soma de razões técnicas tenho a vela e a bolina empregadas comumente em 1635. Impossível para mim sugerir desde quando principiara seu uso.

Problema idêntico é o Remo de Governo.

Não há durante o século XVI menção alguma de leme nas embarcações. Menos ainda nas jangadas, impelidas por um remo. Entre os indígenas não houve registo de observador denunciando-lhe o encontro. Não há menção em Métraux, "La Civilization Matérielle des Tribus Tupi-Guarani", XXV, Paris, 1928.

Na jangada atual há o Remo de Governo que Henry Koster menciona em dezembro de 1809, *a paddle used as a rudder.* E o timoneiro tem o Banco de Governo, *a seat for the steerman.*

Clara, insofismável, segura, é a informação mais antiga de um leme de governo aplicado a uma jangada.

Não se trata de propulsor como um remo comum. É realmente um timão, orientando, dirigindo, segurando o rumo.

Nas jangadas de rolos, as mais numerosas, o leme é um grande remo. Nas jangadas de tábuas, construção recente (de 1940 em diante), o remo-leme foi substituído por um leme completo, cana do leme, haste ou madre, e porta, a folha do leme.

Quando surgiu o remo de governo para a jangada?

Deve ter sido empregado quando a vela apareceu. A vela dispensava praticamente o remo. A vela sacudiu a jangada para o alto onde o remo não teria efeito determinante e pronto. Valia, ontem como agora, um auxílio, supletivo para pequenas distâncias e aproximações. Quando a vela apareceu aproveitando o vento, naturalmente o leme impôs-se, insubstituível.

Impôs-se inicialmente pondo-se à popa ou atravessou o estágio de ir ajudando com remadas enérgicas a jangada, dando um rumo, de um ou outro lado? Na jangadinha de 1643 o indígena parece empregar o longo remo como um varejão, empurrando a embarcação para desatracá-la. Mas seria esta jangadinha desenhada por Marcgrav a única existente e veleira em toda a costa do Brasil? Precisaria um tipo encontradiço e banal, pescando numa possível lagoa mas outras não velejaram, mar adentro, sacudidas pelo terral? E estas já não possuiriam o remo avultado, de grande pá, acionada na diagonal, dando e mantendo orientação?

A jangadinha de Marcgrav afrontaria mar alto? Creio que não. Mas a necessidade ativou a construção de maiores, usando em toda extensão os paus da apeiba, prendendo-os com cavilhas para que suportassem o atrito das ondas soltas do Atlântico com o pano enfunado e gemente. É este o momento do remo de governo aparecer e agir. Aparece e age com as jangadas de volume maior e de vela grande, montando o vagalhão coroado de espuma.

De onde teria vindo este remo de governo?

As balsas são mais ou menos guiadas por varejões. As balsas do equador e do Peru, mesmo as compostas de árvores que descem os rios para o mercado, têm um grande leme, um remo de folha enorme, talqualmente a nossa jangada. Assim, respeitando a tradição, Heyderdahl empregou-o na sua "Kon-Tiki". Não recordo tipo de embarcação ibérica com um leme de governo igual e contemporâneo.

O nosso remo de governo representa positivamente o tipo antiquíssimo do leme.

Sua simplicidade no feitio material demonstra o primitivismo da concepção. O punho, na mesma reta do corpo, não tem a comodidade dos lemes, facilitando o manejo. E ainda não possui nome próprio. É um remo, remo de direção, mas remo.

É o único a ser empunhado pelo timoneiro do alto do seu castelo de comando, o Banco de Governo. Lembra, na distância das proporções, a Espadela ou Esparrela do barco Rabelo no rio Douro, de fundo chato ou do "Rabão", de quilha (Armando de Matos, "O barco Rabelo", Porto, 1940).

Os primeiros lemes usados foram grandes remos com a manobra da orientação.

Tinham a mesma forma e a técnica não se distanciava desta que vemos nos jangadeiros.

Nas pequenas canoas estreitas, baiteiras e catraias, há um remo posto na popa servindo de leme mas já propulsor com o movimento da zinga. A jangada não teria usado a zinga e sim os remos, no século XVI. A vela trouxe-lhe a necessidade da direção nas lonjuras do mar, buscando os pesqueiros. O último remo sobrevivente tornou-se o primeiro leme.

De onde recebeu a jangada o seu remo de direção? Penso ser uma utilização brasileira e indígena. Os lemes das ubás tornadas veleiras foi um remo que tomou o tamanho necessário à nova função. A folha cresceu para poder determinar pela posição na popa a maior ou menor pressão do volume d'água, obrigando a proa a ter direção oposta. Seriam os lemes das zingas ou de algumas balsas no norte do país os determinantes do modelo? O remo de governo da jangada não lhe imprime propulsão e sim rumo. Zingas empurram, com o movimento pendular de vaivém, a embarcação. Nas balsas, quando existe o grande remo, este é leme unicamente.

Mas estas idéias são apenas tentativas dispensáveis para um esclarecimento que um dia virá.

De todo exposto creio poder resumir nas proposições seguintes:

– A vela foi empregada nas jangadas em fins do século XVI porque é mais do que provável e mesmo lógico seu uso em 1635.

– O remo de governo deverá ter sido aplicado logo depois pela necessidade de direção em mar aberto.

– A bolina é um aperfeiçoamento posterior. Poderá entretanto datar do segundo quarto do século XVII.

Nomenclatura

Na Jangada

A Jangada comum, popular e típica, é a *seis paus*. De fora para dentro, duas *mimburas,* dois *bordos* e dois *meios.*

Os bordos são de madeira mais grossa e fazem marcada saliência embaixo da embarcação. Os "meios" são os mais delgados. As mimburas, pouco mais encorpadas que os "meios".

Na Bahia, no tempo em que o almirante Alves Câmara estudou as construções navais indígenas (1888), as mimburas eram chamadas *papus.*

A jangada não é reta como a balsa quadrangular. As mimburas são bojudas, arqueando-se, num relevo curvo para o exterior, seguindo a convexidade para a proa, estreitando-se para oferecer menor resistência ao embate das ondas.

Há, também popular, a *cinco paus.* Duas mimburas, dois bordos e um meio. A jangada clássica, habitual nas pescarias do fundo-de-fora, a jangada do alto, veterana das dormidas nas Paredes, é a *seis paus.*

Na proa enterram dois tornos, de altura mediana, um na mimbura e outro no bordo. Ficam a bombordo. São os "toletes", tolete da poita que ali é amarrada quando arreiam o tauaçu para fundear.

Tauaçu é uma pedra furada e amarrada a um cabo cujas pontas são cosidas. Diz-se a este cabo *chicote da poita* porque é ligada a ele. O tauaçu é furado dentro d'água, com o "furador de tauaçu", devagar, penosamente.

Poita é a corda que, presa ao chicote da poita, prende o tauaçu. Tem muitas braças de extensão. Se o tauaçu é a âncora, a poita é a corrente. Apenas a âncora é de pedra tosca e a corrente é uma corda de macambira ou de carrapixo.

Logo a seguir está o principal aparelho de navegação, o Banco de Vela. Fazem-no de cajueiro, madeira macia e resistente, leve, e que não estraga o mastro pelo atrito. Em cima está uma tábua grossa com um orifício, enora, no meio, onde passa o mastro que é espontado e se mete num dos furos da tábua inferior, a *carlinga, carninga* como dizem os jangadeiros. Dos lados as "pernas do banco de vela", de pau ferro ou pau d'arco, atravessando o banco, que é a tábua superior e a carlinga. São as pernas reforçadas e presas pelos ligamentos de cordas fortes e duráveis, os *cabrestos*.

O mastro único é de gororoba, camassari ou conduru, medindo de cinco e seis metros. Gororoba, camassari e conduru são madeiras recomendáveis pela duração e flexibilidade.

A carlinga, parte inferior do banco de vela, é uma tábua com uma série de furos. No furo do centro, furo de barca ou furo do meio, colocam, encaixado, o mastro na saída da jangada do porto.

A carlinga tem nove ou treze furos. É feita de cajueiro.

Na carlinga de nove furos estes são dispostos na mesma linha, o furo de barca no centro e quatro para cada lado. Denominam-se:
– Furo de barca ou do meio.
– Furo da bolina.
– Primeiro do meio.
– Segundo de dentro.
– Furo da beira.

Na carlinga de treze furos estes ficam em séries de três, seis para cada banda, e postos transversalmente.
– Furo de barca ou do meio.
– Furo da bolina.
– Segundo furo.
– Terceiro de dentro.
– Quarto de dentro.
– Segundo da bolina.
– Terceiro da bolina.

Outrora diziam-nos furo de terral, furo da viração, furo do largo, furo da bolina, etc.

A jangada sai habitualmente no furo de barca ou do meio. Lá fora, o Mestre vai mudando o mastro, experimentando a carreira, de furo em furo, até que a embarcação adquira velocidade. Há preferências misteriosas da própria jangada por determinados furos. Há *furos bons* e *furos ruins*. Certos furos dão carreira numa jangada e retardam outra, absolutamente igual.

O furo de barca ou do meio é da saída, furo de vento brando. O furo da bolina é para diminuir a queda, desequilíbrio. Põe o mastro no furo da bolina quando o vento é vivo e puxador.

Jangadas enxugando o pano em Tambaú, praia de João Pessoa, Paraíba

Os outros furos dependem seu uso das condições do vento e, segundo informação dos pescadores ouvidos, das predileções ou ciência do Mestre. Não há regra fixa e cada Mestre tem sua escola que é o resultado de observações da marcha da jangada. Mestre Filó dizia-me: – "A jangada ensina o mestre..."

A vela é latina, triangular, feita de algodãozinho. O almirante Alves Câmara em 1888 descreve uma jangada na Bahia com dois mastros e duas velas, a de vante quadrada e a de ré triangular. Este tipo desapareceu. Todas as jangadas têm unicamente uma vela, sempre triangular. No Ceará chamavam ao mastro "Boré".

Nas praias do Rio Grande do Norte não pintam habitualmente a vela. Tem uma cor indefinida de muito sol, vento e salsugem do mar. Lá uma vez por outra um jangadeiro, dono de sua jangada, pinta a vela com decocção de mangue, dando coloração avermelhada.

No Ceará, segundo Paulino Nogueira, usa-se *limar a vela,* "para ficar boa, enchê-la de limo verde, e que se consegue botando-lhe sangue de peixe com água salgada, e deixando-a exposta ao sereno. Uma vela *bem limada* dura por dois anos, mais ou menos".

Os vértices da vela são a Guinda, no ângulo superior, o Punho no saliente e a Mura, no inferior.

Da Mura parte uma cordinha com o mesmo nome e é amarrada debaixo da carlinga, esticando a vela para baixo.

Do punho vem a Ligeira, corda que se amarra nos Espeques, segurando e mantendo o jogo, o balanço, o equilíbrio do mastro, regulando as oscilações da madeira flexível, valendo um estai.

Reforçando o bordo da vela, entre a Guinda e o Punho, corre um fio grosso ou cordinha, a Baluma, cozido nela. Evita o desfiamento da vela.

A vela é estendida em sua parte inferior pela Tranca, vara grossa que se apóia, encaixilhando-se, no mastro, pela extremidade em forma de forquilha, a *mão da tranca.*

Da ponta da Tranca parte a Escota, corda que, passada pelo Calçador em laçada simples, é presa ao cabo do Remo de Governo. A Escota regula a maior ou menor exposição da superfície da vela ao vento, conforme seja puxada ("caçada") ou não.

Entre os *meios,* bem no centro da jangada, está a bolina, tábua de pinho de um metro e trinta centímetros por oitenta centímetros de largura, logo depois do Banco da Vela.

Atravessando os *meios* a bolina mergulha na água uns oitenta centímetros. Vale como uma quilha, equilibrando a embarcação, agüentando-a contra o vento, evitando a caída para sotavento e dificultando a *rolada,* a jangada virar.

Para que a abertura onde passa a bolina não se alargue, estragando os "meios" onde é metida, há o *calço da bolina*, reforço de madeira de cajueiro na entrada e saída, por cima e por baixo da embarcação.

Em algumas jangadas vistas na Bahia pelo almirante Alves Câmara em 1888,

> "na junção dos paus do centro abrem uma pequena ranhura, a fim de dar passagem à tábua da bolina, que muitas vezes alcança o comprimento de cinco metros, mas com largura de meio apenas, tábua esta que quanto mais comprida mais estreita é. Introduz-se verticalmente, e depois inclina-se a parte superior para vante, a qual descansa sobre o banco do mastro grande, e a ela fica presa pelo esforço da água para ré na parte inferior".

Essa jangada, com duas velas e bolina de cinco metros, parece-me não mais existir na Bahia. No comum a bolina tem as dimensões que registrei.

Os Espeques ficam depois da saliência da bolina. São três paus atravessados por um outro, a *travessa*. O do meio, mais saliente, termina em gancho e é denominado a *Forquilha*. Os espeques são o depósito da jangada. Pendendo deles pelas alças de corda estão os necessários, os indispensáveis, o barril d'água, o tauaçu, a quimanga ou cabaça com a comida, a cuia de vela, o samburá onde leva o peixe, o bicheiro e nos espeques amarra-se a ponta da ligeira que vem do punho da vela.

Ainda nos espeques, estão amarrados os *cabos do espeque*, cordas, três ou quatro, que servem para os jangadeiros segurarem, derrubando o corpo para o lado contrário ao bordo inclinado da jangada, agüentando a queda, equilibrando a embarcação especialmente quando desenvolve velocidade. É uma visão inesquecível dois ou três jangadeiros pendendo dos cabos da forquilha do espeque, em ângulo agudo com o mar, fazendo a compensação de peso para a estabilidade da jangada.

Entre os espeques e o banco de governo está a Pinambaba, amarrada àqueles por um fio forte. É uma haste de madeira com três ou quatro ganchos onde cada pescador guarda a sua cala de linha de pescar. Na parte superior há um aro de ferro. Aí ficam pendurados os anzóis. Na extremidade da haste há uma saliência de onde parte o fio que segura a Pinambaba ao espeque. No Ceará chamam-na Tupinambaba.

Depois da Pinambaba fica o Banco de governo, simples, onde o Mestre viaja sentado, com o remo de governo na mão e a linha de corso amarrada na altura da coxa.

Na popa estão os Calçadores, dois tornos, os maiores da jangada, fincados paralelamente nos bordos e obliquamente em relação um do outro. A escota é presa a um dos calçadores e entre eles passa o remo de governo.

O remo de governo, feito de tábua de sapucarana, 35 a 40 centímetros de largura, três metros de folha e um metro de cabo. Na folha há uma polegada de espessura e polegada e meia no cabo. É o leme da jangada, preso à mão do Mestre e trabalhando nas *fêmeas,* apoiado no Banco de Governo, passando entre o último "meio" e o primeiro "bordo". Aproximando-se da costa o mestre tira o remo das "fêmeas" e vem com ele encostado na mimbura ou no calçador, procurando encalhar na praia. O movimento do remo de governo é quase totalmente vertical, suspenso ou mergulhado, fazendo a jangada orçar ou puxar de arribada, correndo para o norte.

"Fêmeas" são calços ou reforços de madeira postos da popa, defendendo os "meios" do atrito constante do remo de governo.

Linhas e Anzóis

Cada porção de linha de pescar habitualmente usada por um dos jangadeiros diz-se *cala* e em serviço normal medirá cinqüenta e sessenta braças de comprimento. Havendo necessidade emendam várias calas, obtendo-se linha de mais de duzentas braças.

As linhas sofrem um processo de preparação para o uso. São esfregadas com folhas de mangue-ratinho ou aroeira. Diz-se *encascar a linha.* Depois de seis a oito dias de pescaria as linhas são postas numa infusão de coipuna ou catanduva para tomar cor e enrijecer. Ficam dispostas nas varas, enxugando ao sol e ao vento. Secas, voltam à infusão, 15 a 20 dias. Fica a linha *encascada,* resistindo água salgada, impermeável. Tornam-se negras e duram muito tempo. Quando é mal *encascada* o jangadeiro diz que *abuou,* apodreceu.

O trabalho de encascar a linha é feito aos domingos, nas folgas.

O anzol divide-se em *barbela,* a ponta aguda, *volta,* a curva, e *pata,* depois da volta até a extremidade.

Os anzóis mais conhecidos dos jangadeiros são o *anzol de isca* que é o menor; *o anzol de biquara,* de um e meio centímetros na volta, *anzol de guiauba,* dois centímetros, *anzol de pargo,* três centímetros, *anzol de corso,* três e meio centímetros, *meio quinze,* quatro centímetros e mais, *quinze,* cinco a seis centímetros e *anzol de vintém,* o maior, seis centímetros e mais na volta e dezoito na pata, para peixe grande, guaiuba inteira, guarajuba, tubarão. Depois da volta há o reforço do anzol, fio enrolado ou, tratando-se de pesca de cação ou linha de corso, com arame. Chama-se *Impu.*

Os jangadeiros pescam a linha. Há duas espécies de linhas. A de *bibuia,* bobuia, e a *de chumbada,* além da *linha de corso,* privativa do Mestre.

A linha de bibuia não tem chumbada e desce pelo peso da isca, dizendo-se ser de *bibuia solta,* com 50 a 60 braças de fundo. É pesca comum de peixe graúdo, cerigado, arabaiana, cioba, dentão, dourado, serra, bicuda, mero.

De chumbada é linha de pesca com chumbo de meio quilo. Desce imediatamente ao fundo. Leva dois anzóis. É a preferida para a pega das iscas, sapuruna, biquara, mariquita, piraúna, prediletas dos peixes maiores.

A linha de corso o Mestre traz amarrada na coxa quando a jangada navega. Tem o impu de arame e vem sendo arrastada na viagem, de corso, atraindo os peixes que preiam as iscas em movimento. Sentindo que o peixe ferrou, o Mestre desata a linha e entrega ao Proeiro que é o encarregado de puxar. Ganha dez por cento do pescado na linha de corso que somente o Mestre pode usar. Os peixes mais comuns na linha de corso são a cavala, a bicuda, o dourado, albacora, a serra e mesmo o agulhão de vela, etc.

Há a *linha de agulha,* bem curiosa por não ter anzol nem isca. É própria para a pesca das agulhas ("Belonidae", "Hermirhamphidas", etc.). Fazem uma pequenina bolina de fio na ponta da linha e atiram-na na água. A agulha engole-a, voraz.

No Ceará chamam a linha de agulha Goiçana.

A Tripulação

Nas jangadas do alto e no comum pescam quatro homens: Mestre, Proeiro, Bico de Proa e Contra-Bico.

No Ceará a tripulação é composta de Mestre, Proeiro, Rebique e Bico de Proa. Nas jangadas pequeninas há apenas o Mestre e o Ajudante que, na velha Bahia, chamava-se Coringa.

Informa Florival Seraine sobre a equipagem da jangada no Ceará e sua hierarquia:

"Comumente é a seguinte a tripulação de uma jangada; mestre, proeiro, rebique e bico-de-proa.

O mestre é aquele que governa a embarcação, dirigindo-a para toda parte. Quer em viagem, quer durante as pescarias, fica colocado geralmente entre o banco-de-governo e os espeques. Suas ordens são respeitadas pelos outros tripulantes. Durante as pescarias o proeiro fica localizado próximo ao samburá grande; sustenta a corda da jangada; molha a vela quando vai de terra para o alto-mar.

Rebique é o pescador que se acha colocado na parte mais anterior da jangada durante as pescarias, e o bico-de-proa, aquele que fica atrás do rebique, na bolina; molha a vela, quando a jangada vem do mar para a terra. Em viagem, tanto de ida como de volta, os tripulantes, com exceção do mestre ficam colocados em frente do espeque, cada um com o cabo no braço – os cabos de sair na corda, que são colocados na forquilha do espeque."

Nas jangadas norte-riograndenses o Mestre pesca no seu Banco de Governo, trono venerável. O Proeiro fica adiante, a boreste, perto dos espeques. O Bico de Proa no mesmo lado, no Banco de Vela e o Contra-Bico na proa, junto dos cabrestos ou mesmo para lá.

Não há pessoa indicada para molhar a vela. Quase sempre é serviço natural do Bico de Proa, mais próximo dela. A ele compete *aguar o pano.*

Para a marcação do pescado[1] há necessidade de sinalação pessoal inconfundível. O peixe pescado pelo Mestre não tem sinal; fica inteiro. O Proeiro corta a ponta da cauda de cada peixe. O Bico de Proa corta as duas pontas. O Contra-Bico tira um pedaço da cabeça do peixe, riscando-o fortemente, *tira uma lapa no focinho.* Em terra, reunido o *monte* (pescado total) fácil é a divisão, separando os lotes para o pagamento das percentagens.

Mestre Filó (Filadelfo Tomás Marinho) dizia-me que antigamente, nas últimas décadas do século XIX, só o Mestre e o Proeiro marcavam, *davam sinal,* no peixe. O Bico de Proa e o Contra-Bico recebiam porções de antemão estabelecidas, um peixe em cada dez pequenos, três peixes grandes havendo vinte no monte. Ou dinheiro e apenas peixes para a refeição com a família. O Bico de Proa ganhava, em média geral, três mil réis e o Contra-Bico, dois mil réis. Mestre Filó recordou a alegria quando recebeu, sendo Contra-Bico, um patacão de prata, prata do Império, pelo seu dia de trabalho no mar, no Raso. Com dois mil réis estava-se rico. O dólar valia muito menos, 1$500.

---

1 Luís da Câmara Cascudo, *Jangada e Carro de Boi,* Jornal do Comércio, Rio de Janeiro, 23 de março de 1941.

Todos da tripulação tinham direito ao *peixe da ceia*, para o *escaldado* com a família.

Naquele tempo o Mestre cortava a ponta da cauda e o Proeiro as duas. Mestre Filó achava que o costume era recente, *depois da Lei Nova*.

Lei Nova era a República.

E antigamente qual seria o número dos tripulantes da jangada?

No mais antigo registo, o de Pero Vaz de Caminha em abril de 1500, indica ele que *ali se metiam quatro ou cinco, ou esses que queriam*.

Mas os tupiniquins de Porto Seguro não estavam pescando. Subiam para suas igarapebas como para lugar apropriado para a visão dos portugueses reunidos na praia, depois da missa.

Pero de Magalhães Gandavo, escrevendo certamente antes de 1570, cita a jangada *sobre as quais podem ir duas ou três pessoas ou mais se forem os paus*.

Henry Koster, em dezembro de 1809, fixa: – "O efeito que produzem essas balsas grosseiras é tanto maior e singular quanto não se percebem, mesmo a pequena distância, senão a vela e *os dois homens que as dirigem*."

Tollenare, em novembro de 1816, informa: – *Cada jangada é tripulada por dois ou três homens*.

O príncipe de Wied-Neuwied vira três homens em 1815.

A senhora Agassiz em 1865 não diz o número mas fala em *homens*...

Como a jangada nunca foi no Brasil transporte de guerra como a canoa e sempre serviu para pesca, é provável que o número dos pescadores tenha sido inicialmente uns dois e depois, com o uso da vela e da bolina, multiplicando segurança, estabilidade e elementos para aventurar-se mais para o largo do mar, tivesse sido elevado para três e quatro.

O marinheiro é conservador por natureza e tradicionalista por índole. Os quatro homens da tripulação podem, logicamente, ser fixado como o histórico e o comum como ainda permanece em nossos dias pela costa nordeste do Brasil,.a região das jangadas.

Mestre Manoel Claudino contou-me que desde seu tempo de menino e mesmo na época de seu pai, remontando possivelmente ao tempo da guerra do Paraguai, 1865 a 1870, as jangadas eram dominadoras nas praias e bote de pesca eram contados a dedo pela sua raridade. A pesca era feita quase exclusivamente pelas jangadas pelo menos na Paraíba, Rio Grande do Norte e o Ceará.

Neste tempo os homens da jangada eram três habitualmente. Quatro não era comum.

E o Mestre, palavra hoje consagrada há tantos anos, competia em uso com o *Patrão,* Patrão de jangada, posteriormente passado para o Mestre dos botes de pesca.

Ninguém diz mais Patrão. O título justo e conhecido é Mestre de Jangada. Este nome já lhe era dado em fevereiro de 1826.

Utensílios

Nos espeques vão os utensílios jangadeiros. O barril leva água doce indispensável. Uma frase típica de sua importância é o dizer que barril vazando é a desgraça do jangadeiro. O samburá, cesto, guarda o pescado. A cuia de vela é uma concha de pau com que se joga água na vela. Vela molhada recebe mais vento. No sentido de aproveitar a oportunidade diz-se "enquanto há vento, água na vela".

No espeque está a Cabaça ou Quimanga, contendo o rancho, a alimentação durante a tarefa, farinha de mandioca, carne e peixe assados, bolachas, rapaduras, bananas. Outrora, quando as frutas não eram luxos, a cabaça levava mangas, abacaxis etc. Conduzem as vezes cocos verdes, para beber água adocicada.

Pendura-se também o Bicheiro, anzol grande preso a um cacete para fisgar o peixe maior e ajudá-lo a colocar em cima da jangada. O pescado de volume quando chegar à borda, *dando a cabeça,* pode romper a linha no esforço de libertar-se ou pelo próprio peso. Entra em ação o Bicheiro. Diz então *embicheirar* o peixe.

Araçanga é um bastão curto, espécie de *casse-tête,* com que o jangadeiro mata o peixe ferrado, ferindo-o na cabeça.

A Saçanga é o fio resistente que prende uma chumbada de quatro a cinco quilos. Vale fio de prumo, sonda para verificar a profundeza da água, identificando o pesqueiro procurado. Quando vão arriando a saçanga e *catando fundo* diz-se ir *saçangando.*

Salgadeira, grade de paus roliços, coberta de palha de coqueiro e arrimada em posição ligeiramente inclinada nos espeques, presa com amarrado de cordas. Fica em cima dos "bordos". Nas pescarias longas nas Paredes, pescarias de *dormida,* há obrigação de *tratar* o pescado, abrindo-o, retirando as vísceras, salgando-o e arrumando na salgadeira. É trabalho normal durante as *safras,* pescarias de verão, de novembro a fevereiro. Nas pescarias comuns, de ir e vir no mesmo dia e quando não é de esperar de muito pescado, não há a salgadeira.

Nestas jangadas grandes, jangada-grossa, jangada do alto, levam o reminho de mão, enfiado nos cabrestos e que serve para levar a embarcação às pequenas distâncias.

Nas jornadas compridas, de dias de estada no mar, a jangada conduz um ou pequenos rolos de madeira leve, jangadeira ou mulungu, paus boeiros, que ajudarão a flutuar os homens em caso de naufrágio por tempestade ou choque com navio de vapor.

Nas pescarias de dormida nos pesqueiros longínquos como nas Paredes a jangada leva sua cozinha sumária. É um fogareiro de lata de querosene, a carvão, e tudo dentro de um caixotinho. Uma panela de barro acompanha e, às vezes, tem o nome de "marmita". Como durante o serviço de pesca no alto-mar retiram o mastro, enrolando a vela, e o colocam apoiado no banco de vela e na forquilha dos espeques, há lugar para o pequeno fogareiro justamente em cima da tábua do banco de vela, fora do alcance dos salpicos das ondas.

Naturalmente não há cozinha nas jangadas que voltam à praia no mesmo dia ou pescam apenas uma noite, ocasionalmente. O arranjo da cozinha já é um índice de trabalho demorado no fundo-de-fora, mais de uma noite, terra escondida e fome perto.

Há luz a bordo. Usam pequeninos lampiões próprios para embarcações, içados no mastro oscilante. Um lampiãozinho dá guarda ao serviço no meio das trevas, a luzinha vermelha e teimosa resistindo às lufadas.

Fundeados, com o tauaçu no fundo do mar, um jangadeiro fica sempre vigiando enquanto, bem raramente, os outros *passam por uma madorna*. É preciso que alguém não durma e desperte a tripulação para defender-se de um navio que apareça, rumo em cima da jangada, surdo aos possíveis berros e jamais admitindo a possibilidade de pescarias naquelas alturas do mar noturno e deserto.

Na Jangada de Tábua

Mais ou menos em 1940 apareceu no Rio Grande do Norte um novo tipo de jangada que se popularizou depressa. Há um bom número delas pescando e mesmo já estão nas águas do Ceará, Paraíba e Pernambuco.

É a jangada de tábua.

As primeiras foram feitas no Rio do Fogo por José Monteiro, falecido neste 1954, e José da Cruz em Genipabu, a três milhas ao norte de Natal.

Custam de Cr$ 12.000,00 a Cr$ 15.000,00 e até mais. Têm os mesmos aviamentos e preparos da jangada velha e algumas coisas de novidade no uso.

É uma espécie de pontão ou chata, com 30 a 35 centímetros de altura, feito de pinho do Paraná e na sua falta, louro, freijó ou cedro. O pinho é mais recomendado porque fornece tabuado largo. O fundo e o convés sentam sobre cavername de peroba, sucupira, oiti ou mundé. São de 25 a 28 *casas de caverna* sustentando o bojo da jangada, presas com grampo de ferro galvanizado, 3/8 para as cavernas e 1/4 para prendê-las ao costado. As cavernas têm na parte superior a *lata* que as completa no plano da arqueadura e são os braços.

No interior, fazendo amarração do cavername, correm as *escoas,* tiras de tábuas de uma polegada de grossura por três de largura, de popa a proa, pelo lado de dentro das cavernas, reforçando-as.

A jangada de tábua tem as mesmas dimensões das jangadas clássicas, jangadas do alto, de cinco a oito metros de comprimento, um metro e setenta de largura. Usam de bolina talqualmente a jangada. Dos lados, na parte de baixo, passa o *sobressame* ou *forra,* saliência de madeira para defender o costado do atrito dos rolos quando no encalhe nas praias, voltando da pescaria.

Em vez do remo de governo já possui um leme que é retirado para o encalhe e a saída. Popa e proa são erguidas em diagonal, facilitando cortar mar e subir para areia da costa. Há uma moldura de madeira, a *trincheira,* com duas polegadas de altura em roda de todo costado, evitando o escorrego dos pescadores no convés que é abaulado.

Há um mastro com vela latina triangular e, para a proa, uma outra vela, menor, *vela do estai.* A extremidade da vela do estai é presa na trincheira. A mura do estai é segura num grampo de ferro colocado no convés. Ainda na proa está o *frade,* peça de madeira de 20 centímetros de altura por 7,1/2 ou 8 de largura, com uma chanfradura onde é posta a carreta de bronze ou de madeira, servindo para puxar a poita.

Entre os espeques e o banco de governo está a boca da escotilha onde guardam roupa e objetos que não querem molhar. No bojo da jangada sacodem o pescado quando da safra do Voador abundantíssimo, recolhido dez vezes mais que a jangada de paus onde não há onde depositar quantidades maiores.

A vela do estai é uma espécie de bujarrona, triangular, presa à guinda, mura e à trincheira da jangada.

A jangada de tábua possui bomba para esgotar água entrada no interior da embarcação.

Quando a jangada vira, a técnica é mergulhar um jangadeiro por baixo e abrir a tampa da escotilha, deixando alagar. A jangada fica boiando, cheia d'água, leve e podendo voltar à posição anterior desde que a tripulação fique toda num só lado, desequilibrando-a. Depois funciona a bomba, ajudada pelas cuias esgotadeiras e tudo se normaliza tranqüilamente.

A jangada de tábua é simpatizada pelos pescadores novos mas não tem prestígio para os velhos, os veteranos das jangadas do alto. Disseram-me que a única vantagem era *a pescaria mais enxuta*. As ondas lavam menos a jangada de tábua. Capacidade maior, durabilidade incontestável, resistência provada, foram esquecidos dotes perfeitamente silenciados.

Nestas jangadas a tripulação é a mesma, Mestre, Proeiro e Bico de Proa. Os processos de pescaria e divisão do pescado, sua marcação, idênticos aos da jangada velha de pau jangadeiro.

Construção

Em abril de 1500 Pero Vaz de Caminha ensinava que as jangadas *somente são três traves, atadas entre si.* Atadas certamente com cipós resistentes para a prolongada imersão na água salgada.

É a primeira lição sobre com quantos paus se fazia a futura jangada que ainda não tinha este nome.

Jean de Lery, março de 1557 a janeiro de 1558, confirma a técnica na baía da Guanabara: *"são feitas de cinco ou seis paus redondos, mais grossos que o braço de um homem, e bem amarrados com cipós retorcidos".*

Há um pormenor sobre a posição do pescador: *Sentados nessas jangadas, com as pernas estendidas dirigem-nas para onde querem com um bastão chato que lhes serve de remo.*

Estes Piperis tinham apenas uma braça de comprimento e dois pés mais ou menos de largura.

Só podiam suster um homem... *ne peut-il sur chacun d'iceux tenir qu'un seul homme a la fois.*

Pero Vaz de Caminha, mais de meio século antes, dava às jangadas de Porto Seguro maior capacidade: — *E ali se metiam quatro ou cinco, ou esses que queriam, não se afastando quase nada da terra, senão enquanto podiam tomar pé.*

A jangada que rondava o ilhéu da Coroa Vermelha estava apenas suportando um bom número de Tupiniquins curiosos e não pescadores em faina rotineira. Seriam, naturalmente, dois a três.

Pero de Magalhães Gandavo, escrevendo a volta de 1570, adianta a notícia. Os paus são três ou quatro, juntos à maneira dos dedos da mão estendida, suportando o peso de duas, três e mais pessoas *ou mais se forem os paus, porque sam mui leves e sofrem muito peso em cima d'água.*

E aumentaram o tamanho. *Tem quatorze ou quinze palmos de comprimento, e de grossura orredor, ocuparam dous pouco mais ou menos.*

Os paus são *pegados nos outros.*

Os holandeses Marcgrav e Nieuhof pouco adiantam na primeira metade do século XVII. Iam os indígenas pernambucanos pescar *assentando em três madeiras alternadamente amarrada*. Nada mais. Nieuhof apenas escreve, copiando Marcgrav: – *servindo-se apenas de três toras de madeira, atadas*.

Não seria a jangada assim primitiva que se atrevesse, em 1635, a largar do Cabo de Santo Agostinho ao encontro da esquadra de dom Lopo de Hozes e dom Rodrigo Lobo. Nem a de Nicolas Claez, em janeiro de 1654, indo do Recife a Itamaracá, a Cabedelo e a Natal, estirão de 150 milhas.

Na manhã de 9 de dezembro de 1809 Henry Koster vê e descreve a jangada no porto do Recife, quase nossa contemporânea em formato e aspecto.

"São simples balsas, formadas de seis peças, ligadas ou encavilhadas juntamente." Há a vela, banco de governo, espeques, bolina. Tipo atual.

O *lashed or pinned together* mostra a distância de Porto Seguro. As peças de madeira estariam amarradas ou presas com cavilhas.

A jangada que Tollenare vê bordejando o litoral pernambucano a 12 de novembro de 1816 é de três paus, 12 a 15 pés de comprido e 8 a 9 polegadas de largo, apenas esquadriados e ligados por travessas.

Ainda em abril de 1865 a senhora Elisabeth Cary Agassiz descreve a jangada constando de *uns leves troncos de árvore amarrados juntos,* lavados constantemente pelas vagas.

Esta forma de ligar os paus de jangada por uma travessa devia ter constituído a solução popular depois da vinda dos portugueses para o Brasil, trazendo os pregos, os ganchos, a idéia da cavilha de madeira que seria a última a ser empregada.

Frei ANTONIO DE SANTA MARIA JABOATÃO (*Novo Orbe Seráfico Brasileiro* ou *Crônica dos Frades Menores da Província do Brasil,* revista do Instituto Histórico Brasileiro, tomo I, p. 16, Rio de Janeiro, 1858), em 1761 ainda aludia ao processo das travessas:

> "Estas (palhas) depois de bem secas ao sol, ajuntavão em molhos, dentro dos quaes metião varapáus de comprimento que lhes era necessário, e atados em roda destes muito bem aqueles molhos com cipós, a que chamão Timbós, brandos e fortes, e assim unidos uns molhos com outros formavão uma larga esteira, seguras e *ligadas com outras travessas de páus a maneira das que hoje chamão Jangadas,* e com aquelas embarcaçoens assim atravessão o Rio, e ião dar os seus assaltos aos Tupinambás da outra parte."

As informações anteriores, dos séculos XVI e meados do XVII, registram a jangada com os paus amarrados, *juntos de modo que ficam à ma-*

neira dos dedos da mão estendida, na imagem de Pero de Magalhães Gandavo.

A jangada começou logicamente com dois a três paus atados por cipós para a pesca ribeirinha, flexamento do peixe, espalhamento do timbó n'águas mortas, tonteando o pescado, colocação dos jiquis, juquiás, munzuá, cofo, covo, covu, nassa, aparelhos para atrair e prender o peixe, e também pesca à linha, linha de fibra vegetal e anzol de espinho torto. Depois aparece a exigência de aumentar as dimensões da jangada, tornando-a capaz de suster maior tripulação e obter maior produção de pescado. Dar-se-ia este estado já no domínio de Portugal quando a população cresce e o branco modificou a economia indígena de pescar apenas o necessário para uma refeição, fazendo as reservas de peixe salgado ou sem salmoura quando o tupi, possivelmente apenas os do nordeste e norte, conhecessem a farinha-de-peixe, peixe frito e socado no pilão e peneirado, a *pirá-cuí,* junto a indispensável farinha de mandioca, a *ui.*

A presença do português aumenta o tamanho da jangada e obriga o indígena, já escravo, às pescarias diárias e produtivas. Antes a pesca era destinada a uma boa refeição. O mar guardaria o jantar seguinte. *Caboclo é só para um dia,* disse, em 1810, um indígena cearense a Henry Koster.

Esta necessidade determinou o aparecimento da vela na jangada que se pode fazer ao largo do mar, pescando longe de terra. A bolina, quilha móvel que lhe garante relativa estabilidade, é posterior à vela e nasceria em meados do século XVII?

A jangada histórica, sem leme de governo, sem vela e sem bolina, sem poita e tauaçu sem bancos e espeques, sem toletes e calçadores, era dirigida por um simples remo de uma só folha, olhando a praia, com o indígena sentado, pernas estendidas e linha da mão. Já cento e cinqüenta anos depois é uma embarcação dirigida, afastando-se da costa, rumando mar largo, ampla, veloz, útil para vários misteres.

Constroem-na de pau-de-jangada, jangadeira, piuba, imbira branca, pau-de-macaco no Pará e na sua falta, mulungu.

Os paus, postos em cima dos *maiares,* dois rolos grossos de coqueiro são lavrados a machado.

Os dois *meios* e os dois *bordos* são pregados duma vez com três tornos de pau d'arco, polegada e meia de espessura. O torno, vara forte de madeira com uma cabeça na extremidade, entra batida a marreta, malho de pau, até atravessar os meios e encostar a cabeça dos Bordos. Serra-se a ponta, lasca-se o final do torno com formão, mete-se uma cunha do mesmo pau d'arco para que o torno não venha a *suar,* afrouxar, sair, fugir da cavidade.

Depois põem os *aviamentos,* banco de vela e banco de governo, espeques, calçadores, toletes. Aguça-se a ponta de cada extremidade e se fura a madeira da jangada com um trado. Todos os aviamentos são metidos a marreta até fundura suficiente.

É então a vez das duas *mimburas,* sensivelmente acurvadas para a proa. São presas com dois tornos e mais três para os cabrestos, as pernas do banco da vela. Estes cinco tornos, cinco para cada lado da embarcação, atingem apenas os *bordos.* As Mimburas ficam seguras somente nos Bordos porque podem ser arrancadas como manobra para a jangada desviar no mar alto, ficando mais maneira e fácil de retomar a posição normal. Arrancam-nas empurrando o pé do mastro ou a tranca entre as Mimburas e os Bordos. Fica a jangada com quatro paus e desvira com menor trabalho.

As mimburas não ficam abandonadas. Pescam-nas e são trazidas para terra e reaproveitadas.

O mastro, de cinco a seis metros, é de gororoba, conduru ou sapucaia.

A vela, calculada na relação da altura do mastro, é de algodãozinho marca "Estrela", do Ceará. Duas peças e meia de pano. Outrora, como registrou Alves Câmara, havia um processo estabelecendo esta relação.

> "A jangada em geral não tem menos de 5,5 metros de comprimento, e, para avaliarem a porção de pano que deve levar a vela, medem a grossura das mimburas, e por ela calculam. Assim é que, tendo 0,8m de circunferência, deve gastar a vela uma peça e meia de algodão, ou 50 metros, tendo 0,9m duas peças, e assim por diante."

O cálculo atual, segundo informação de Ricardo da Cruz, é feito diretamente no mastro. Riscam na areia o comprimento do mastro e desenham a seguir a vela com as dimensões convenientes. Cobrem este *croquis* com as faixas de algodãozinho que vão sendo cortadas e imediatamente alinhavadas e cosidas, procedendo-se depois ao trabalho definitivo.

O serviço mais delicado é *entralhar* ou *palombar* a vela pronta, cosendo-a com um fio forte (*Coberta),* encerado com cera de abelha, posto na agulha de palombar, ao pano da vela e este a uma corda de carrapixo, macambira ou manilha, de 3/4, o *Envergue.* O envergue prende-se ao mastro. Antes sofreu um processo de prova de resistência, ficando esticado entre dois coqueiros e com um tauaçu pendendo-lhe do meio, fazendo peso, durante 24 ou mais horas. O envergue é cosido ao pano com uma série de pontos com duas polegadas de distância um do outro.

A Jangada malaia

O envergue deve não encolher para que a vela não fique *sacuda*, com bolsos, sacos, apresentando superfície irregular ao sopro do vento. Pouca gente atualmente sabe entralhar um pano e depois envergá-lo no mastro. Desta operação dependerá a excelência promulsora da vela latina usada pela embarcação.

As madeiras usuais na construção da jangada são:

Pau de jangada ou mulungu para os seis paus.

Cajueiro para o banco de vela, carlinga, banco de governo, tamanca dos espeques e do calçado fêmeas, calço ou forra da bolina.

Pau darco para os pés do banco, pernas do espeque, calçadores e toletes.

Gororoba, conduru, sapucaia, para o mastro.

Peroba ou mundé para a forquilha.

Praiba ou mangue manso para a tranca.

Peroba, batinga, mondé ou ubaia para as pernas do banco de governo.

Sapucarana para o remo de governo.

Pau darco ou pau ferro para as cavilhas (tornos de pregação).

Pinho para a bolina.

Coqueiro para os rolos.

Tamanduba ou araticum (que chamam cortiça) para calços e forras.

Pinho do Paraná para as jangadas de tábua. Não havendo pinho, louro, freijó ou cedro.

A tradição quase um dogma exige que jangada não tenha prego e de metal apenas os anzóis e o bicheiro. Jangada que leva prego vira lá fora. A explicação útil é evitar a ferrugem que estragará a madeira ao redor da pregação.

Nas jangadas de tábua há metal.

Os estaleiros atuais de construção de jangadas no Rio Grande do Norte são Genibapu, Rio do Fogo e Caiçara, todas as três praias no norte do Estado.

Uma jangada com todos os aviamentos, jangada do alto, chega em média a uns Cr$ 8.600,00, dependendo do bom gosto e capricho do proprietário na compra e fatura com material de primeira, acabamento seguro, garantindo durabilidade.

Em 1910 uma mesma jangada custava pouco mais de... 1.500$000 e em 1888 o almirante Alves Câmara dizia-as valer entre 150$000 a 200$000. Era o preço da jangada no Ceará em 1868.

Este quadro de preços, de 1954 e 1910, dará a impressão do custo nas duas épocas.

	1954	1910
Seis paus de jangada, tranca, remo, bolina, mastro	Cr$ 6.000,00	1.500$000
Mão-de-obra	Cr$ 600,00	30$000
Poita, cinco pedaços de corda de manilha	Cr$ 450,00	15$000
Duas peças de pano para a vela	Cr$ 600,00	45$000
Barril de aguada	Cr$ 50,00	5$000
Cabaça de madeira para farnel	Cr$ 50,00	3$000
Sete quilos de linha para pescar	Cr$ 560,00	21$000
Nove chumbadas	Cr$ 90,00	4$000
Um bicheiro	Cr$ 15,00	$800
Anzóis	Cr$ 60,00	15$000
Corda para entralhar	Cr$ 60,00	10$000
Rolos para a jangada encalhar	Cr$ 50,00	4$000
Totais	Cr$ 8.605,00	1.653$300

Estes preços me foram fornecidos por Ricardo Severiano da Cruz, filho e sobrinho de construtores de jangadas e ele mesmo antigamente trabalhou nos estaleiros delas. É, presentemente, o melhor conhecedor do assunto. Nascido em Rio do Fogo, viveu anos e anos no meio dos jangadeiros, fazendo-se ao mar, inteiramente senhor da vida nas pescarias do Tací às Paredes.

Paulo Martins da Silva obteve os preços da madeira para jangada, ouvindo um comerciante, o Sr. José de Sousa Lima, em Natal.

Nesta relação o custo total de uma jangada alcança apenas Cr$ 5.400,00. As madeiras valem Cr$ 3.100,00.

Dois "meios", quarenta palmos, 0,80	Cr$ 900,00
Dois "bordos", quarenta palmos, até 1,20	Cr$ 900,00
Duas "mimburas", quarenta palmos, 0,90	Cr$ 900,00
Tábua de vinte palmos	Cr$ 300,00 (medindo 1,1/4)
Tranca	Cr$ 50,00
Mastro	Cr$ 50,00

O material acessório é adquirido em separado, Bancadas (banco de vela e banco de governo), Bolina, Espeque, Tornos, Tamancos, Carninga (Carlinga), Toletes, etc.

As denominações populares da jangada são baseadas em palmos. Jangada de três, quatro palmos e meio, etc. Não se sabe o fundamento do nome e por onde são medidos os palmos.

É uma velhíssima convenção que ainda resiste na linguagem jangadeira. Mede-se a circunferência do tronco de cada pau da jangada, reunindo-se o total e divide-se por seis que é o número dos paus. O resultado será o número de palmos denominador da embarcação.

Por exemplo: – bordos, oito palmos; meios, sete palmos; mimburas, sete palmos. Total, vinte e dois palmos. Divididos por seis, diz-se *jangada de três palmos e meio*. Mimburas, nove palmos; bordos, dez palmos; meios, cinco palmos. Total, vinte e quatro, divididos por seis, *jangada de quatro palmos*. Mimburas, nove palmos; bordos, dez palmos; meios, oito palmos. Total, vinte e sete, divididos por seis, *jangada de quatro palmos e meio*.

Este é o segredo da medição nominadora e tradicional das jangadas.

A jangada não se modificou no aspecto geral do casco. A aquisição da vela, bolina, remo de governo, foram elementos essenciais de sua evolução posterior à vinda dos europeus. Não tenho documentos para dizê-lo anteriores.

É de notar apenas que os paus exteriores, as mimburas, tomaram forma convexa, com a arqueadura para a proa, diminuindo o embate à resistência da água.

As balsas caracterizam-se pela configuração retangular.

Outra dessemelhança é a jangada jamais ter tido o abrigo para pescadores. A balsa, na maioria dos tipos conhecidos, possui a casinhola, choça de madeira ou de ramos defendendo os viajantes do sol, mau tempo e para passar a noite. Assim as balsas contemporâneas nos rios do Maranhão, Piauí e no rio de São Francisco. Assim, com sua coberta, é a balsa comum de Guaiaquil, tantas vezes comparada à jangada por ter vela e bolina. Mas a balsa não é embarcação de pesca e nunca foi e sim de transporte. Há, numa boa evidência, a página de William Prescott descrevendo a balsa encontrada pelo navegador Bartolomeu Ruiz ao largo da costa do Equador em 1526, nas águas do Pacífico.

A jangada manteve seu feitio inalterável, indelével, imutável. Sua tripulação está exposta ao sol e ao sereno, agora como primitivamente.

A jangada potiguar é de seis paus e menos popular a de cinco. O mesmo ocorre no Ceará e na Paraíba. No Ceará havia jangadas com dois sobressalentes, os *embonos*, mais estreitos e menores que as mimburas onde ficavam encostados. Em Alagoas os embonos são denominados *mendinhas* ou *curingas*.

Florival Seraine no seu estudo sobre a jangada cearense não alude aos embonos. *A jangada compõe-se ordinariamente de seis pedaços de madeira leve, piuba, que é chamada pelos pescadores pau-de-jangada,* escreve ele.

Manoel Diégues Júnior informa que a jangada alagoana *tem de cinco a seis paus, as menores, e de oito a dez as maiores*. E que *os oito paus de uma jangada têm denominações próprias: dois centros, dois bordos, dois mimburas e dois mendinhas ou curingas... Sendo de seis paus não tem os dois curingas* ("Diário de Notícias", Rio de Janeiro, 12 de setembro de 1954).

A Ligeira, da guinda para o espeque, é *xicote* no Ceará e *estalo* nas Alagoas.

Como a jangada alagoana risca o limite sul na geografia jangadeira é útil registrar o aviamento, anotado por Manoel Diégues Júnior.

> "Na utilização da jangada as diferentes qualidades de pescaria reclamam a mudança de utensílios de pesca. Para a pesca do alto, aquela feita em alto-mar, são necessários: pinambaba (um gancho de três pernas), composto de três peças de linha de bibuia com 160 braças cada uma, uma linha de corço, com 150 braças e mais duas pontas de linha de chombada com 200 braças, dez anzóis de fundo, quatro anzóis de corço, vinte e cinco chumbadas, um caramussé (depósito), um barril com água e outro com sal, um depósito com comida, um saburá grande e outro pequeno para isca, duas esteiras de periperi, lenha, dois encerados, um farol, dois tauaçus, um fogão, uma fisga e 150 braças de corda."
>
> "A pesca no raso consiste em levar apenas uma linha de 100 braças e duas de 60 cada uma, três chumbadas, quatro anzóis pequenos e dois grandes, uma fisga e 100 braças de corda. Para a pesca do discado, que é realizada dentro dos arrecifes, bastam três varas de 25 metros de comprimento cada uma, com 3 metros de arame de bronze, três anzóis e uma fisga."

Por toda parte mantém-se a tradição de não empregar-se um só prego na construção jangadeira. Ao lado da ferrugem desgastadora da madeira haverá o inconsciente respeito ao uso tantas vezes secular da proibição. É uma reminiscência pré-cobralina ou pré-colombiana. Assim o norueguês Thor Heyderdahl construiu em 1847 a balsa KON TIKI sem pregos. PAUL RADIN, "Indians of South America", 28, nota a ausência de pregos nos barcos Aruacos continentais contemporâneos:

> – *What has always excited the wonder of white observers in the construction of the dugout is the complete absence of nails, even today, after four centuries of contact with Europeans.*

* * *

Em Portugal, continental e insular, diz-se "jangada" às balsas, servindo especialmente para a travessia de rios.

A jangada nordestina, com sua vela triangular, remo de governo e bolina, é uma solução única no Mundo na espécie antiquíssima. Igual ao seu tipo não consta noutra qualquer paragem. Os próprios PAE-PAE da Polinésia desapareceram, substituídos pelas canoas com balancins ao lado. A jangada com suas modificações através do tempo, sobreviveu e resistiu.

* * *

O Rio Grande do Norte tem no seu brasão d'armas uma jangada, significando a "indústria da pesca". O Decreto nº 201, de 1º de julho de 1909, assinado pelo Governador Alberto Maranhão, é assim redigido:

> "O brazão d'armas do Estado do Rio Grande do Norte é um escudo em campo aberto, dividido a dois terços de altura, tendo no plano inferior o mar, onde navega uma jangada de pescadores, que representam as indústrias do sal e da pesca. No terço superior, em campo de prata, duas flores aos lados e ao centro dois capulhos de algodoeiro. Ladeiam o escudo, em toda a sua altura, um coqueiro à direita e uma carnaúba à esquerda, tendo os troncos ligados por duas canas de açúcar, presas por um laço com as cores nacionais. Tanto os móveis do escudo, como os emblemas em cores naturais, representam a Flora principal do Estado. Cobre o escudo uma estrela branca, simbolizando o Rio Grande do Norte na União Brasileira."

Assim a jangada passou a ser um elemento heráldico.

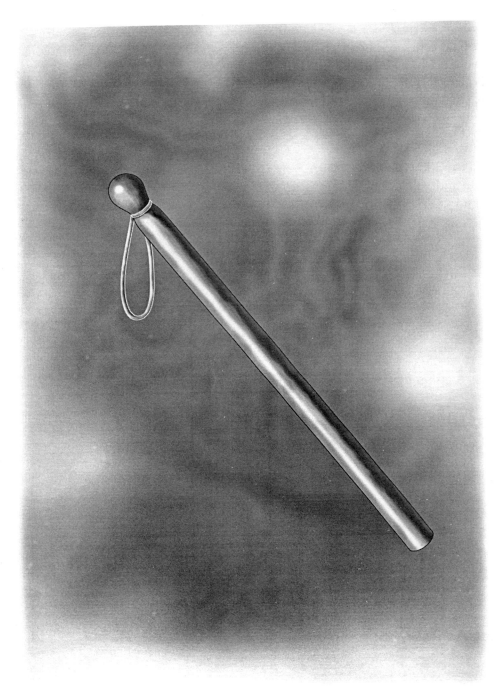

Araçanga

Geografia da Jangada

Podemos afirmar que a jangada seja ou não universal. É impossível negar qualquer uma destas conclusões e haverá material para o debate até adormecer um congresso de etnógrafos.

Naturalmente ela existiu sempre que as condições locais a explicaram e a necessidade humana, atingindo a um certo grau de técnica, determinou-lhe o aparecimento. Primeiro para atravessar os rios, braços de mar. Ainda hoje o castelhano chama *balsa* ao grande charco, ao pântano, e aos paus ajoujados para vencê-lo. Seria, logicamente, um par de troncos amarrados com cipós e depois, muito depois, surgiu a idéia genial da cavilha, um torno de madeira que se firmasse numa reintrância, garantindo a relativa solidez do aparelho náutico.

Se os homens do neolítico navegavam, esta navegação só podia ser sobre os paus amarrados com lianas. Depois de passar de uma margem para outra, numa vitória sobre a extensão, veio o sentido utilitário da pesca, perto da costa, rondando as saliências da terra bem conhecida, a jangada empurrada a varapau, deslizando, silenciosa e mansa, ao sabor da corrente e numa aproximação já intencional ao pescado. Muito tempo depois é que o homem fixou o cardume e aprendeu a surpreender-lhe a passagem, caminho acelerado da desova.

Esta pesca seria de arremesso, como ainda se pratica, de arpão e posteriormente a flecha, mirando a sombra fugitiva do peixe quase à flor d'água. Os nossos indígenas do Pará, Amazonas, Mato Grosso, ainda pescam assim, como frei André Thevet os enxergou no Rio de Janeiro de 1555.

A História desenha estas jangadas, com vários nomes, em tempos velhos e servindo para vadear os grande rios da Europa, a *raft* na Inglaterra, a *floss* alemã, a *singael* batava, o *radeaux* francês. Os gregos chamavam-na *schedia* e os romanos *ratis, rataria*. A França recebeu o nome através do provençal *radel*, dando *radeau*.

Trabalhavam todas na pesca. Um mosaico da desaparecida igreja de Santa Constância, em Roma, do século IV, mostra dois Eros pescando de arpão e rede numa rataria, segundo a informação de Garrucci.

125

Para os mares orientais e nas solidões oceânicas[1] do sul as jangadas eram inumeráveis. Assim, a senhora Elisabeth Cary Agassiz, vendo em abril de 1865 uma nossa jangada nordestina chama-a *catamarã*, a jangada das Índias Orientais, com ou sem vela, uma vela quadrangular ou redonda, como dizem os náuticos.

Mesmo assim a canoa, vinda num estágio bem adiantado de sabedoria no plano de navegação, ultrapassou numericamente a jangada. Demorava o décuplo do tempo na construção mas podia conduzir número maior de pescadores ou de guerreiros.

Foi assim por toda a parte.

A jangada, não a balsa improvisada no momento do naufrágio e que deu no quadro de Géricault motivo de divulgação sentimental e literária,[2] foi um instrumento de pesca, de função utilitária e ação diária tendo no Brasil uma área bem maior do que a presentemente registrada.

Ladislau Neto, diretor do Museu Nacional, respondendo a um ofício do Ministro da Agricultura, Afonso Augusto Moreira Pena, em abril de 1884, defendia-se da acusação de ter aceitado a jangada cearense de Francisco José do Nascimento, o "Dragão do mar", como símbolo vivo do Abolicionismo, imagem expressiva da campanha contra a escravidão, garantida pela lei, dizendo ser a jangada acima de tudo um objeto de estudo, peça etnográfica, indispensável nas coleções de um estabelecimento que reunia a documentação típica da cultura material do Brasil.

Informa Ladislau Neto:

> "A jangada brasileira, que muito se aproxima da *balza* dos índios primitivos de Guaiaquil, e de alguns afluentes do Alto Amazonas, ou ainda do *Pripri* dos Caraíbas, era a única embarcação de que se podiam servir os índios que habitavam o litoral brasileiro, compreendido entre os Abrolhos e o Cabo de São Roque. E o motivo disso é que toda aquela extensa secção da nossa costa tem como antemural, pelo lado do mar e nalguns pontos, a muitas milhas ao largo, extensas linhas de recifes que a ne-

---

1   Na Polinésia não existem mais jangadas, os "pae-pae".

2   Em 2 de julho de 1816 o "Medusa", navio francês, bateu no banco de Arguin, 40 milhas da costa africana, e soçobrou. Numa improvisada jangada 149 náufragos refugiaram-se, vogando sem água e alimentos, doze dias, com cenas desesperadas de antropofagia e loucura. Restavam apenas quinze sobreviventes quando o *brick* "Argus" encontrou-os. Alexandre Corréard e o cirurgião Savigny publicaram a narrativa da jornada trágica da qual haviam participado. Esta narrativa inspirou Géricault para o famoso *Le Radeau de La Méduse,* exposto no Salão de 1819 em Paris e atualmente no Museu do Louvre.

    Foi, literária e artisticamente, a jangada mais célebre.

nhuma outra espécie de embarcação permitiram lhes singrasse as cercanias. A jangada era portanto o mais comum e o mais seguro batel daquelas regiões; e efetivamente nem ao norte do Ceará, nem ao sul dos Abrolhos o empregaram jamais os pescadores brasileiros. E, pois, que tão curiosa, e *nesta Corte tão desconhecida embarcação* se oferecia à secção etnológica desta instituição, por cujo aumento e prosperidade estou há tantos anos a lidar, como sabe todo o país, graves censuras ao contrário me deviam caber, se eu me houvesse esquivado ao oferecimento que se me fazia."[3]

Certamente o limite meridional da jangada não era Abrolhos porque Jean de Lery descrevia as Piperis na baía da Guanabara em março de 1557 a janeiro de 1558, *certains radeaux, qu'ils nomment Piperis* e possivelmente fossem os mesmos *Pripri*, contração de *Piri-piri,* os juncos, juncos aproveitados para uma jangada já mencionada por Gabriel Soares de Sousa em 1587, existente no rio de São Francisco:

> "As embarcações que este gentio usava, eram de uma palha comprida como a das esteiras de tábua, que fazem em Santarém, a que eles chamam periperi, a qual palha fazem em molhos muito apertados com umas varas como vime, a que eles chamam timbós, que são muito brandas e rijas, e com estes molhos atados em umas varas grossas faziam uma feição de embarcações, em que cabiam dez a doze índios, que se remavam muito bem, e nelas guerreavam com os Tupinambás neste rio de São Francisco, e se faziam uns a outros muito dano" (cap. XIX).[4]

Paulino Nogueira, Alves Câmara, Beaurepaire Rohan fixam os mesmos limites, do norte da barra da Bahia até o Ceará, para a geografia da jangada.

Ladislau Neto, "Pai da Arqueologia Brasileira", alarga a fronteira ao sul até os Abrolhos e encurta ao norte no Cabo de São Roque. Assim a coordenada geográfica do domínio jangadeiro seria Latitude 17° 58' S e Longitude 38° 42 W, à Latitude 5° 29' S, Longitude 35° W.

Além do Rio de Janeiro perdi contacto com as jangadas. Não há referência nos cronistas coloniais ou cartas dos jesuítas. Os padres Manoel da

---

3   Edmar Morel, *Dragão do Mar,* 168-169. Rio de Janeiro, 1949. A jangada de Francisco José do Nascimento, 1839-1914, o chefe dos jangadeiros abolicionistas do Ceará, oferecida ao Museu Nacional, passou para o Museu de Marinha e desapareceu.

4   Erland Nordenskiold assinala a *raft of rushes* na América do Norte, norte do México, México, América Central, Peru incaico e Patagônia. Podia ter incluído o Brasil. O padre jesuíta Luís Figueira, escrevendo em agosto de 1609, regista pequeninas balsas de junco no nordeste brasileiro, caminho do Maranhão: *fazem feixes de junco, que não sofrem uma pessoa em suma; senão que a de ir nadando, e descansando somente sobre o junco.* Informa ainda que nas travessias dos rios não apareciam as jangadas por falta de madeiras próprias para sua construção.

Nóbrega e Joseph de Anchieta e seus companheiros de catequese viajam e citam invariavelmente as canoas. Nenhuma jangada, comum na Guanabara da França Antártica de outrora, *desconhecidas* em 1884.

O então tenente Antônio Alves Câmara (faleceu Almirante) é peremptório:

> "Ela (*a jangada*) é usada no trecho da costa do Brasil desde o norte da baía de Todos os Santos até a província do Ceará, e conquanto não sejam embarcações, que na atualidade naveguem habitualmente naquela baía em pontos determinados, alguns há que lá entram, e antigamente traziam cargas para ali de diferentes pontos da costa, e no Rio Vermelho, povoação distante cerca de cinco quilômetros da ponta de Santo Antônio, é ainda hoje quase o único meio de transporte e de pescaria, que empregam."

O futuro almirante escrevia esta informação em 1888.

Além do Ceará também desaparecem provas maiores de sua presença. Os rios do Piauí e Maranhão são descidos em balsas sem velas. Os dois cronistas da França Equinocial, frei Ivo d'Evreux e frei Claude d'Abbeville, não falam em jangada e viajam sempre em canoas. Durante a luta contra o holandês firmado na ilha do Maranhão e litoral não há referência alguma às jangadas. Elas não eram transporte de guerra nem podiam prestar serviço de vulto mas bem deveriam ir surgindo, timidamente, nas pescarias. Nem mesmo assim. O reino é da canoa.

Pará-Amazonas não oferecem maior prova à jangada. Nem mesmo na emocional história das subidas e descidas do Rio das Amazonas. Frei Cristovão de Acuña ou o possível Piloto Mor de Pedro Teixeira em 1639, frei Gaspar de Carvajal em 1542, enfim nestas jornadas afoitas não balança uma só jangada nas águas do Rio Mar. As canoas sim, enchem o cenário. *Todo su trato es por agua, en embarcaciones pequeñas, que llaman "canoas"*, escreve frei Cristovão de Acuña. Os registos das escaramuças e guerras com os bergantins espanhóis ou portugueses são menções das incontáveis canoas-de-guerra. Assim vamos vendo... *se tinham reunido mais de 130 canoas, nas quais havia mais de 8.000 índios... vinha por água imensa frota de canoas... índios em grande quantidade com canoas pequenas* e há mesmo capítulos especiais sobre sua construção.[5]

---

5   "Gaspar de Carvajal, Alonso de Rojas e Cristobal de Acuña, *Descobrimento do Rio das Amazonas*, 43, 61, 116; traduzidos e anotados por C. de Melo Leitão, Brasiliana – 203. São Paulo, 1941. Sobre a construção de canoas, § 23º e número XXXVIII.

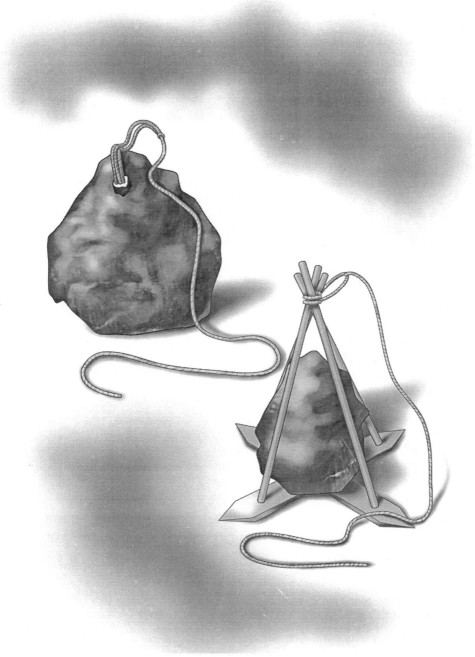

Poita com tauaçu e a Fateixa

Semelhantemente ocorre no Maranhão e Piauí. No Maranhão há uma tentativa de introdução da jangada do Ceará durando quase toda a primeira metade do século XIX. No Piauí o transporte para descer os rios maiores, preferencialmente o Parnaíba, é a balsa.[6]

O Dr. Gustavo Luís Guilherme Dodt (1831-1904) estuda os rios Parnaíba, fronteiro do Piauí-Maranhão e Gurupi no Maranhão em missão oficial. Emprega unicamente balsas de talos da palmeira buriti no Parnaíba ou canoas de casca de jatobá no Gurupi.

> *Embarquei em uma balsa de talos de buriti e desci por este confluente até sua barra com o Parnaíba... Neste caso seria suficiente levar durante uma enchente um bote para cima, e este, que serviria de base aos trabalhos, bem como as balsas, que seriam necessárias, iriam descendo, enquanto que, começando o serviço embaixo, seria necessário procurar em toda a parte material novo para as balsas e construir estas sempre de novo, pois não é possível levá-las contra a correnteza.[7]*

Tanto no Gurupi e no Tocantins o Dr. Dodt viaja em canoas,

> *fabricadas da casca de jatobá, obra dos índios, que dela se servem nos seus trabalhos de pesca e caça... O fundo um pouco flexível das canoas feitas da casca do jutaí presta-se a esta manobra melhor do que o das de madeira, e além disso demandam aquelas menos água. Estas vantagens reunidas às de ser sua construção mais fácil e seu custo menor, fazem com que sejam elas preferidas às de madeira, se bem que não durem tanto e ofereçam maior risco, pois basta romper-se um dos cipós com que são amarradas para que se afundem... A navegação no Tocantins acha-se sem desenvolvimento. Usam-se botes de 24 a 48 toneladas de porte, que, porém, só no inverno podem navegar, enquanto no verão só botes de 8 toneladas de porte acham água suficiente. Todas essas embarcações são construídas sem o menor jeito, não tendo proa nem popa e imitando na sua forma as canoas feitas de uma só árvore.[8]*

As canoas sobem, com dificuldade e descem lepidamente. As balsas apenas descem a correnteza. As condições locais exilaram a jangada. Não há, logicamente, vela nas balsas nem nas canoas. Varejão e remo orientam as primeiras e empurram as segundas.

---

6   O folclorista Neri Camelo informa-me que no Rio Parnaíba a balsa sem cobertura, isto é, sem a palhoça de abrigo e destinada unicamente ao transporte de cargas, denomina-se *Cachorro*.

7   DR. GUSTAVO DODT, *Descripção dos Rios Parnahyba e Gurupy,* 25, 61, 137, 142, 147 e 218. Brasiliana – 133, São Paulo, 1939.

8   Idem.

Deduza-se o heroísmo do governador Baltazar de Sousa Botelho de Vasconcelos subindo em 1813, de canoa, o Parnaíba. Ainda em 1855 o Parnaíba era navegado unicamente por gambarra, canoas e igarités.[9]

O argumento de Ladislau Neto marcando o *habitat* das jangadas entre os Abrolhos e o Ceará é muito simples para ser topograficamente verdadeiro: –

> "E o motivo disso é que toda aquela extensa secção da nossa costa tem como antemural, pelo lado do mar e nalguns pontos, a muitas milhas ao largo, extensas linhas de recifes que a nenhuma outra espécie de embarcação permitiriam lhes singrasse as cercanias".

Mesmo dentro da zona-de-conforto das jangadas, identificada por Ladislau Neto, estas não predominavam e sim as canoas. A jangada seria de posse individual ou familiar e a canoa de grupos domésticos ou tribais. A jangada pertencia ao indígena pescador e a ubá ou igara aos guerreiros para a luta e ocasionalmente para as pescas. As jangadas estariam em número menor quando os portugueses chegaram ao Brasil no século XV. Pelo litoral estendiam as malocas tupis em estado social mais adiantado, com a posse coletiva das canoas, dos alimentos obtidos em conjunto e das bebidas feitas para os moacaretás, as festas de conselho ou simplesmente de alegria pela colheita de determinados frutos. A jangada sempre me pareceu individual ou de pequeno grupo consoante a tradição numérica da tripulação, dois, três comumente e em raro quatro homens.

A jangada não encalha senão nas aberturas desse antemural de que falava Ladislau Neto. As estreitas igarités, canoas de cascas, leves, fáceis de erguer e transportar, também alcançariam, com propriedade idêntica, os mesmos lugares. A razão da escolha das jangadas terá explicação mais antiga, menos utilitária e de comportamento etnográfico ou de acomodação à situação dos locais que de um uso que resistia à transformação tribal pela simplicidade do seu emprego na manutenção de uma ou mais famílias, usada pelos membros da mesma.

No Maranhão a jangada, omissa nos documentários, foi objeto de tentativa de adaptação ao serviço da pesca por todo correr do século XIX.

César Augusto Marques ("Dicionário Histórico e Geográfico da Província do Maranhão", São Luís, 1864) registra esses ensaios de aclimatação da jangada, índice de sua ausência na região.

---

9   José Martins Pereira de Alencastre, *Memória Chronológica, Histórica e Corográfica da Província do Piauí,* revista do Instituto Histórico e Geográfico Brasileiro, tomo XX, 95. Gambarra é uma canoa, a maior das embarcações no Pará antigo. Igareté ou Igarité, *igara-reté,* a verdadeira canoa, construção típica indígena.

Em 8 de fevereiro de 1826 o coronel Antônio de Sales Nunes Belfort, presidente do Ceará, oficiava ao presidente do Maranhão, Pedro José da Costa Barros, informando "que em virtude do seu ofício nº 6 lhe enviava oito pescadores, sendo três mestres e cinco marinheiros, os quais não tinham jangadas, e as poucas, que existiam, eram caras, e por isso não as mandava, e por estar persuadido de haver nesta Província madeira própria para construção delas". Pedro José da Costa Barros era cearense e no seu atribulado governo no Maranhão julgava a jangada indispensável para a pesca local, com as condições exigidas e surpreendia-se de sua falta.

Em 8 de janeiro de 1866 saiu do Ceará o prático João Aprígio Antunes da Silveira numa jangada e a 11 arribou ao lugar "Canto do Rapador", próximo à ermida de São José de Ribamar, na ilha do Maranhão, fazendo aguada. No dia seguinte, pelas 10 horas da manhã, *fundeou na praia pequena onde causou muita admiração.* Os dois jangadeiros que o acompanhavam, João José de Santana e Honório de Abreu, voltaram para o Ceará, levando a jangada, no vapor "Santa Cruz".

Em 6 de dezembro de 1867 chegou, noutra jangada, um oficial da Polícia do Ceará, com ofício para o Chefe de Polícia do Maranhão, durante um inquérito sobre introdução de moeda falsa. O oficial regressou num navio da Companhia Brasileira de Paquetes a Vapor mas a jangada ficou entregue ao Senhor Amâncio da Paixão Cearense que, apaixonado pelo assunto, mandou buscar outra jangada, chegada em 13 de janeiro de 1868, naturalmente do Ceará. Eram ambas as jangadas de 42 a 45 palmos de comprimento, de seis paus, de um a dois palmos de diâmetro, "e tinha cada uma a sua vela, que é maior do que qualquer das canoas de pescaria daqui". "Tinham custado, no Ceará, 200$000 uma e a tripulação era de três homens, ganhando 50$000 mensais." "Depois de três dias da sua chegada foram fazer uma viagem, puramente de experiências, pois nada sabiam dos mares desta Província." Financiados pelo Sr. Amâncio da Paixão Cearense começaram a pescar, com proveito, indo mais de "20 e tantas léguas distante da fortaleza de São Marcos, além do canal". Apesar de todos os sucessos, seis meses depois as jangadas jaziam abandonadas na Praia da Trindade porque "os jangadeiros, a princípio trabalhadores e contentes, do dia para a noite, sem causa conhecida, transformaram-se em indolentes e vadios". "Abandonaram as jangadas, e foram pescar nas canoas, isto é, deixaram a pesca abundante, a que estavam habituados, para se entregarem à pescaria mesquinha, de que não tinham nenhuma prática!"

Barril de aguada

O domínio é da balsa de que fala o poeta Francisco Serra:

Apanhado o cipó, logo se entrança e apruma
O buriti, e, assim, numa fadiga insana,
De palha um teto se ergue e todo ambiente atama:
– Eis a balsa gentil, acolhedora e humana.

E descendo os rios maranhenses, próprios e comuns ao Piauí como o Parnaíba, a balsa é o veículo tradicional, integrado na paisagem econômica e social.

Parsondas de Carvalho a descreve:

"De Santo Antônio para as cidades marginais do Parnaíba o comércio se faz em balsas construídas com braços de buriti. A forma é das jangadas. Sobre ela é armada uma coberta de folha de palha de palmeira (pindoba) e, depois de arrumada a carga, comerciantes e passageiros embarcam, atam suas redes de dormir e, nelas deitados, fumando ou jogando, infelizmente não é lendo, deixam que a corrente os conduza".[10]

Não tem, como as balsas de Guaiaquil, vela e bolina. Repetem o mesmo processo daquelas que descem o rio de São Francisco. Aí, às vezes, a balsa é feita de madeira que vai ser vendida e a tripulação sobe o rio regressando em canoa.

J. M. Cardoso de Oliveira ("Dois Metros e Cinco", LXXIV) desenha o quadro:

"Ao cair da noite, abordaram o movimentado porto do Remanso: e quase ao mesmo tempo, chegava uma grande e pitoresca embarcação, tripulada por dois homens e feita de enormes troncos de madeira unidos solidamente por meio de cordas e correias de couro, sobre a qual, em cima de um tabuado, se erigia uma casinhola de aspecto provisório, mais tosca do que a da barca.

– Que é aquilo? perguntou o Luz.

– Uma balsa, seu Doutor. São madeiras que descem o rio para ser vendidas; a própria carga forma a embarcação, como vosmecê vê. Navegavam com a correnteza, e os barqueiros somente as guiam com as varas, e as põem no canal, se elas se desviam. Quando chegam embaixo, desmancham-se, vendem-se as madeiras, e o dono, que vai naquela casinha em cima, volta numa barca qualquer."

Além das balsas há o Ajoujo também descrito por J. M. Cardoso de Oliveira (cap. LXXII):

---

10   Informações de Domingos Vieira Filho, São Luís do Maranhão.

"Pouco adiante lobrigaram um ajoujo – formado por três canoas, reunidas por meio de paus roliços a elas amarrados com tiras de couro cru.

Cobrindo-as, estendia-se um tablado para sustentar a carga, abrigada, como nas barcas, por uma armação idêntica; nas pontas dos paus salientes de ambos os lados prendiam-se longas tábuas, formando as 'coxias' destinadas à manobra dos barqueiros, em falta das bordas."

A primeira descrição minuciosa é a de Halfeld em 1860.

Em todos os grandes rios europeus a madeira, cortada, desce ao sabor da corrente, Reno, Elba, Oder, Vístula, Danúbio. Se reúnem a madeira, chegando a 40 até 70 unidades, diz-se "madeira em jangada" e aí se verifica o étimo "unir", origem do vocábulo. As madeiras são ligadas por vimes ou varas transversais, conforme a informação de Herder. Nenhuma ligação terá com o nascimento da jangada malaia, catamarã, igarapeba, piperis brasileiras do século XVI, porque estas já estavam no plano útil da pescaria, e não do transporte, como *Das Floss* germânica, ou a *raft* das ilhas britânicas.

A jangada, desde o primeiro registo no último ano do século XV até nossos dias, apareceu e continua como elemento econômico, ligado à pesca e não à guerra ou ao transporte comum como as canoas, igaras, ubás.

Das balsas indígenas o melhor quadro é a usada pelos indígenas Pamaris ou Paumaris nas lagoas e cabeceiras do rio Purus. Barbosa Rodrigues sobre estes aruacos escreve: – "Os Pamaris ainda hoje moram em casas ambulantes ou balsas, sobre as águas do rio e dos lagos, com receio de um novo dilúvio." Alves Câmara, resumindo-lhes as atividades, informa que durante as vasantes abandonam as balsas onde moram habitualmente sob um cochicholo sobre os paus roliços, embarcam em ubás e *também em pequenas jangadas* em que percorrem as margens dos rios.

Estas balsas consistem na

"reunião de grandes troncos em um sentido, e na de outros superiores perpendicularmente a eles, e esse todo é atracado com cipós. Sobre elas constroem a sua casa, ou maloca. Assemelham-se muito às de Guaiaquil; porém as casas têm o telhado de palha de forma das nossas do campo. Elas não usam velas, só são impelidas por varas. São feitas, segundo Rodrigues Ferreira, de aninga ou ambauba, de mututí, molongó, seringueiras, uucuuba e outros".

O Pará não ambientou a jangada e sua presença em massa é a canoa nas mais diversas formas e diferentes tipos. Era a embarcação habitual indígena e para ela vieram as simpatias dos usos coloniais. Os portugueses trouxeram outros modelos, especialmente nas embarcações de mastros mesmo adaptando às ubás indígenas a influência alienígena, amanhecen-

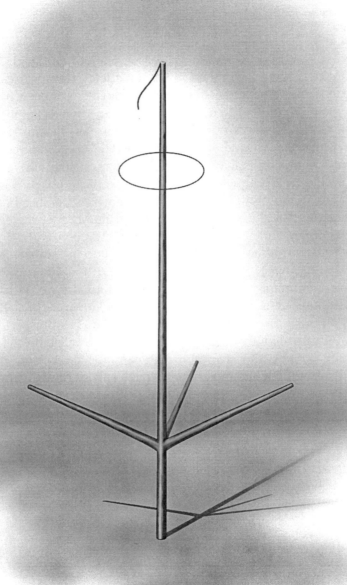

Pinambaba

do o aparecimento dos barcos maiores, as barcaças do Douro em Portugal. Barcaça, aumentativo de barca.

As jangadas desapareceram praticamente da Bahia. Viveriam ainda na primeira década do século XX mas não eram de presença permanente como no nordeste. Já em 1705 o poeta Manoel Botelho de Oliveira não as incluía nas tarefas habituais da pesca e sim os saveiros e canoas:

> *Os pobres pescadores em saveiros,*
> *Em canoas ligeiros,*
> *Fazem com tanto abalo*
> *Do trabalho marítimo regalo.*

Em Sergipe já não se pesca de jangada salvo quando vem uma ou outra do Pontal de Cururipe, Alagoas, para a praia de Atalaia Nova na margem esquerda da barra do rio Sergipe nos meses de novembro a março.[11] Depois da pescaria estas jangadas deixam as águas sergipanas e voltam às Alagoas. E mesmo assim não são muitas. No verão de 1952-1953 foram apenas duas e no de 1953-1954 uma única.[12]

A permanência da jangada na região de Alagoas no Ceará explicar-se-á por vários elementos de acomodação ambiental. A regularidade dos alísios já notados por Jorge Marcgrav na época holandesa, indicando a insistência dos ventos E e SE, e o ritmo normal que se altera sensivelmente duas vezes no ano, soprando para o sul durante o inverno e para o norte no verão, passando pelo quadrante do leste duplicadamente no período dos doze meses. Em Natal e pela costa inteira a predominância é Les-sueste que sopra de quatro a cinco mil horas por ano, seguindo-se o Sueste com a terça parte e o Leste com uma quinta. Há sempre vento no litoral nordestino e vento regular, possibilitando a pescaria diária. As tempestades são raras e não assumem a violência, intensidade e duração existentes noutras zonas.

A simplicidade e pobreza do aparelhamento justificam sua popularidade para as atividades dos homens das praias. Integra-se perfeitamente dentro da reduzida economia praieira. Uma canoa custaria, no mínimo, o duplo do preço para a aquisição.

Estes ventos do mar que garantem e custodiam a existência humana na zona tropical, como estudou detidamente Gilberto Osório de Andrade,

---

11 Informação do Capitão dos Portos do Estado de Sergipe, Capitão de Corveta Fernando Carlos Cristofaro Alves da Cunha em 2 de setembro de 1954.

12 Idem.

dão às jangadas a segurança de uma função cotidiana pelo conhecimento meteorológico sem maiores surpresas.

Há o fator da tradição que é uma permanente psicológica. As profissões fixadas pelo tempo em determinadas regiões só desaparecem quando as condições mesológicas se modificam inteiramente. Mesmo assim resiste uma porção de desajustados incapazes de aceitar outra atividade diversa daquela desempenhada por ele, pais e avós. Junto à tradição está o caráter conservador do pescador, a quase imutabilidade mental expressa no automatismo dos processos e nas soluções dos problemas diários e rotineiros. Quando o sistema de comunicações estabeleceu com o sertão do interior uma interdependência para venda e compra comerciais, facilitando a vinda dos sertanejos às cidades de beira-mar o velho matuto transforma-se rapidamente, embora mantendo as linhas gerais de sua sensibilidade, o encanto pelas suas festas do passado, vaqueijadas, a admiração pela poesia dos cantadores e debates das pelejas do desafio de improviso, uma certa percentagem de fidelidade à sua alimentação secular, com o leite coalhado, a manteiga do sertão, os queijos de manteiga e de bola, imitando o *do Reino*.

Nas praias, próximas à capital e mesmo sendo seus arredores, a população de pescadores fica, interiormente, como há cem anos. As predileções são as mesmas e idênticas as repulsas, desconfianças e negativas. Os mitos e lendas que se desfazem no sertão como não resistindo ao impacto do litoral, nas praias são mantidos inalteravelmente, numa tranqüilidade obstinada que denuncia cristalização inarredável na memória coletiva. A contigüidade e continuidade desta aproximação entre pescadores e citadinos não influi decisivamente para sua adaptação aos costumes e mentalidade urbana. Os jangadeiros são os mesmos de duzentos anos. Aprendem e usam unicamente o essencial à sua conveniência financeira e vital. Pelo lado de dentro são invencivelmente imóveis.

Apesar dos esforços dos *leaders* sindicais para criar uma mentalidade de classe, ciosa de sua profissão e em permanente contacto com seus companheiros, os operários das fábricas, padeiros, carpinteiros, ferreiros, pedreiros, misturam-se habitualmente com todos os amigos, freqüentando todos os ambientes e dispersos, socialmente, no meio do povo em geral. Os pescadores são incapazes deste movimento expansivo. Tratam dos seus negócios e regressam ao seu mundo não criado artificialmente por uma doutrina de exaltação profissional mais nascido e mantido por uma seqüência de tempo e de ajustação psicológica.

Por isso, o jangadeiro, o pescador, dificilmente deixará sua jangada ou o seu bote de pesca. O problema simples é elevá-los dentro de sua base e não transferi-los para outro campo de produção.

A geografia da jangada fixou-se com estes elementos de conservação, na plenitude de sua presença poderosa e secular.

Mas a exposição destes fatores de permanência não justificaria o desaparecimento das jangadas na Bahia e Sergipe se não surgisse o implemento econômico, mutilador invencível do quadro tradicional. A Bahia nunca possuiu grande número de jangadas e já em 1587 Gabriel Soares de Sousa enumerava a vastidão dos barcos a serviço do trabalho da pesca, transporte e guerra e, bem depressa, aludia às jangadas como instrumento de pescarias de escravos indígenas. Para Sergipe ter-se-ia verificado fenômeno semelhante. No livro clássico do almirante Antônio Alves Câmara, que era baiano, as jangadas não apareciam em volume sensível por estas zonas de Bahia e de Sergipe. O grande número de barcos de quilha e de fundo chato na Bahia, o uso normal e intensivo da vela, fizeram diminuir e desaparecer a jangada baiana e sergipana, ajudados por outras razões que seriam a utilização em massa das canoas pelos proprietários de escravos, latifundiários, senhores de engenho, contra a jangada que daria um rendimento mais reduzido e parco diante das necessidades maior do núcleo que se desenvolvia progressivamente.

Esta mesma dedução aplicar-se-á de Alagoas ao Ceará, domínio das jangadas contemporâneas, especialmente Paraíba – Rio Grande do Norte – Ceará. Mas nesta zona a tradição desta jangada era maior e as necessidades foram menores porque a população não teve idênticas exigências da capital do Brasil colonial até 1763. O nordeste sob o domínio da Companhia das Índias Ocidentais ampliou a pescaria. Marcgrav escreve:

> – "A pesca do litoral, como sabes, foi outrora riquíssima e lucrativa para os Lusitanos, quando estas coisas lhes pertenciam na íntegra; presentemente se acham muito abandonadas."

Mas Joannes de Laet anotou: – "Depois porém esta aparece reassumida pelos nossos em grande escala." Para este grande mercado consumidor a jangada não era própria e diminuiu sensivelmente. As canoas locais e outros modelos batavos multiplicaram-se. Depois da expulsão, na queda demográfica da região e regresso aos antigos padrões de vida, as barcas não diminuíram mas nas praias ao norte e sul as jangadas reapareceram

Samburá

em plena tarefa haliêutica. E estão se mantendo justamente nas areias onde o mercado não era tão desmarcado.

Natal possuiu jangadas fornecedoras do pescado em número alto, o décuplo do atual, enquanto sua população esteve no nível dos 30.000 a 50.000. Quando duplicamos, a jangada foi cedendo aos botes de pesca, baiteiras, avançando para as pescarias de albacoras, voadores, agulhas, velhos privilégios das jangadas e alimentos históricos do povo. Basta lembrar que os habitantes dos dois bairros velhos da cidade do Natal eram apelidados de *Xarías,* os da Cidade Alta, comedores de xaréu, e *Canguleiros,* os da Ribeira na Cidade Baixa, devotos do Cangulo.

Certamente o índice financeiro baixo mantém a jangada e a ascensão econômica vai expulsando ou restringindo sua presença nos "verdes mares bravios..."

* * *

Escrevendo sobre a jangada no Ceará informa Florival Seraine:

> "A pesca é realizada por meio de jangadas em grande trecho do litoral cearense, especialmente o que se estende da praia do Pacém à de Caiçara, no município de Aracati. Em Paracuru, Imboaca, Caponga, Canoa-quebrada, Pirambu, Arpoadores, são utilizadas as embarcações aludidas, mas não resta dúvida que da praia de Iracema (antiga praia do Peixe), era Fortaleza, ao porto vizinho do Mucuripe é onde se encontram os maiores núcleos de jangadas pescadoras."

As jangadas são em quase sua totalidade de rolos mas ultimamente têm aparecido algumas de tábuas, porém em número muito reduzido.[13]

No Rio Grande do Norte da cidade do Natal para o norte, os pontos preferidos são Redinha, Genipabu, onde há estaleiros de construção de jangadas de tábuas, Pitangui, Muriú, Maxaranguape, Caraúbas, Maracajaú, Zumbi, Rio do Fogo, com construção de jangadas de rolos e de tábuas, grande tradição jangadeira local, Touros, Cajueiro, São José. Gostoso, Caiçara, com construção de jangada, centro atual da pesca do voador, Jacaré, Galinhos, Barreiras e Macau. Para o sul de Natal, que também possui jangadas, vivem Areia Preta, Ponta Negra, Pirangi, Pipa, Barra do Cunhaú e Baía Formosa, antiga Aretipicaba, famosa pela pescaria de albacoras.

---

13   Informação do Capitão dos Portos do Estado do Ceará, Capitão de Fragata Ernesto de Mourão Sá, em 2 de setembro de 1954.

Os portos tradicionais da jangada na costa da Paraíba, do norte para o sul, são: baía da Traição, Costinha em Cabedelo onde há centro animado de pesca de baleias com aparelhagem moderna. Ponta de Mato, Pitimbu, Formosa, Poço Penha e Tambaú.[14]

Noutra informação[15] mais ampla apontam Tambaú, com fabricação de jangadas, Pitimbu, igualmente. Cabo Branco, Bessa, Acaú, baía de Traição, Barra de Camaratuba, Ponta de Coqueiro, Coqueirinho, Costinha, Fagundes, Gameleira, Ponta de Lucena, com construção jangadeira, Jacuma, Bonsucesso e Enseada.

Em Pernambuco os pontos jangadeiros são Ponta de Pedra, Pilar (na ilha de Itamaracá), Janga (Pau Amarelo), Rio Doce, Olinda, Pina, Piedade, Gaibu (Cabo de Santo Agostinho), Porto de Galinhas, Barra de Serinhaém, Tamandaré, Puiraçu (São José da Coroa Grande). "A quase totalidade das jangadas utilizadas na pesca, neste Estado, é de jangadeira (apeiba). Consta que está em experiência a substituição da jangada de rolos (devido à escassez de material) por um flutuador, construído de tábuas, mas com armação (vela e bancos) da jangada indígena."[16]

No litoral das Alagoas pescam "aproximadamente 350 jangadas, todas de rolos, exercendo o serviço de pesca, nas praias de Jaraguá, Pajussara, barra de Santo Antônio, Camaragibe, Barra Grande, Porto da Rua, Porto de Pedras e Maragogi".[17]

Quantas jangadas pescam no nordeste? Menos de duas mil. Menos de mil e quinhentas. No Ceará, 500; no Rio Grande do Norte, umas 160; na Paraíba, 145 e Alagoas, 350. Não pude obter o número pernambucano. 1.155 sem Pernambuco. É o que sei.

---

14 Informação do Sr. João Carlos Carneiro.

15 Informação do Capitão de Corveta Arnaldo Courrège Lage, Capitão dos Portos do Estado da Paraíba em 17 de novembro de 1954.

16 Informação do Capitão dos Portos do Estado de Pernambuco, Capitão de Fragata Mário Cavalcanti de Albuquerque, em 9 de setembro de 1954.

17 Informação do Capitão dos Portos de Alagoas, Capitão de Corveta Álvaro Calheiros, em 31 de agosto de 1954.

ECONOMIA DA JANGADA

Uma jangada custa aproximadamente Cr$ 9.000,00 quando em 1910 valia 1.700$000. Um pescador não pode comprá-la. Menos de dez por cento dos jangadeiros são possuidores de uma embarcação. A jangada de tábuas é muito mais cara. Chega a ser vendida entre Cr$ 12.000,00 a Cr$ 15.000,00 e mais. Em 1888 o preço variava entre 150$000 a 200$000.

Há justificativa para esta diferenciação. A jangada comum dura oito meses a um ano e a jangada de tábuas garante-se dezesseis, dezoito e mais anos, com a natural conservação.

Nas jangadas comuns, passados os oito meses, é preciso desfazê-la, pondo os paus para enxugar ao sol, substituindo algum que haja apodrecido. É trabalho durante o inverno quando as pescarias rareiam.

Os jangadeiros constroem uma latada, cobertura de palha de coqueiro sobre quatro pilastras que são os fustes do coqueiro e sob esta proteção minguada começam no serviço da recomposição da jangada. Quase sempre outubro para que vindo o tempo bom do verão, novembro a janeiro, haja embarcação para as pescarias da safra.

No inverno raro se pode pescar. No máximo vão às Curubas. O vento sopra de terra para o mar, empurrando-os para o alto. Chuva, neblina, frio. O peixe está escondido no fundo ou nas pedras, nas grotas das urcas do norte do Estado onde água é morna. Para voltar é um trabalho duro, lutando contra as lufadas e, na maioria dos casos, dando de arribada noutras praias, puxados pela ventania, *tangidos pelo mau tempo*.

Passados os oito meses e refeita a jangada, com uma mimbura ou bordo novo, bem limpa e esfregada com areia e bucha de coco, há outro prazo para a pescaria mas a jangada não é a mesma. Passou a paquete. Noutro inverno é a nova renovação que a rebaixa para o Bote. Já não pode mais descer na escala das utilidades.

Com a jangada de tábuas não há este problema. Substituem uma ou outra tábua e revisam o cavername, aviamentos, pano de vela, e a jangada vai durando, durando que é uma bênção de Deus.

No inverno faz-se, comumente, a pesca de agulha. Pescam também no verão mas a estação fria é preferível. Levam na jangada o *Serrador,* jangadinha de um metro e meio de comprimento, tripulada por um homem, também denominado o *Serrador.* Lá fora, perto das urcas ou pedras submersas, a jangadinha é posta no mar e o Serrador deita a ponta da corda, longa de duzentas braças, que se prende à Rede-de-Agulhas. Jangada e Serrador descrevem os dois grandes arcos da circunferência, unindo ao final. A jangada atirou a rede. Da jangada fazem a puxada e o Serrador, mergulhando o reminho na água, em repetido movimento vertical afugenta as agulhas, fazendo-as reunir no bolsão da rede.

Vez por outra o Serrador é arrastado pelo empuxo do mar para dentro das urcas, especialmente no mar alto do norte do Estado. As bocas escancaradas das urcas engolem pescador e jangadinha que nunca mais reaparecem. Os cações vivem nas urcas. São os viveiros deles.

A pescaria de agulhas, não indo à urcas prolíferas, é nas Curubas e mesmo na Carreira das Pedras.

É o tempo em que se deixa no fundo o Covo, esperando com a sanga aberta, sempre para o norte, a visita confiada dos peixes. Vão despescá-lo no outro dia.

Uma jangada, na maior pescaria de safra, pode apurar no máximo de Cr$ 3.000,00 a Cr$ 4.000,00. Mas é preciso que São Pedro ou Nossa Senhora dos Navegantes ajudem. Os três jangadeiros devem trazer de 10 a 12 arabaianas e uns três a quatro cerigados, umas três cavalas, umas três ou quatro garoupas, três ou quatro ciobas, etc. Com os preços atuais, assombrosos, é possível aquela prodigiosa quantia. Mas é raro. É o máximo. A sorte grande do mar para a jangada.

Num bote de pesca faz-se de Cr$ 6.000,00 a Cr$ 7.000,00.

Mesmo na safra do voador (*o Pirabebe* dos tupis), o Peixe-Voador que passa em cardume durante 30 a 50 dias, maio, junho e julho, pela costa do Rio Grande do Norte, a jangada pode pescar uns três milheiros por dia. O milheiro de voador, preço atual, pago nas praias ao peixe fresco, vai a Cr$ 8.000,00. O ganho, quando alcançado este número, irá a Cr$ 2.400,00. Estou dando a jangada que acertou com o número da loteria de Natal.

Um bote de pesca traz até 30.000 voadores, valendo... Cr$ 24.000,00.

A economia do pescado é simples. O proprietário da jangada tem direito a cinqüenta por cento do que se pescar. Lembre-se de que ele assume com todas as despesas, inclusive a *bóia,* a alimentação dos jangadeiros que vai dentro da Cabaça ou Quimanga. O único gasto dos jangadeiros, além do risco da vida, é comprar uma faca de peixe, resistente e cortante, outrora privativa dos homens do mar e hoje arma predileta dos malandros arruaceiros, a *peixeira.*

Chamava-se a peixeira antigamente *faca americana* ou *faca de embarcadiço.*

Cinqüenta por cento do pescado para o proprietário. O Mestre tem 50% do que pescou, individualmente assim como o Proeiro e o Bico de Proa guardam a metade do que tiveram nas suas linhas e entregam ao proprietário os restantes 50%. Por isso é indispensável a marca. O Mestre deixa sem sinal o seu peixe. O Proeiro corta a ponta da cauda. O Bico de Proa corta as duas pontas da cauda e se há o Contra-Bico este tira *um lapo do focinho do peixe.* Juntando todo o pescado no *monte da pescaria* faz-se a conta final, dividindo-se os quinhões.

O Mestre tem ainda direito ao que recolhe na Linha de Corso que vai amarrada na sua coxa. Direito a 50% e os outros 50% para o proprietário. O Proeiro recebe 10% dos 50% da Linha de Corso porque é o encarregado da puxada. Logo que o Mestre sente a linha de corso fisgada, solta a laçada e entrega a ponta da linha ao Proeiro para que puxe. Ganha este, pelo serviço que lhe é privativo, 10%, do peixe do Mestre na linha de corso.

Ainda há, na maioria dos casos, o peixe da ceia que cada jangadeiro tem o direito de levar para o escaldado com a família. Era antigamente quase sagrado como propriedade doméstica. Não podia ser vendido. Era a *esmola* do Mar à fome da família pescadora. Hoje há quem o venda embora com crítica dos colegas. "Aquilo é tão ganancioso que vende até o peixe da ceia!"

É um direito consuetudinário o Mestre receber do proprietário alguns peixes de *quebra,* espécie de gratificação.

O pescado é vendido imediatamente aos marchantes de peixe, atravessadores ou peixeiros. Pagam logo ou, mais habitualmente no próximo domingo. Chamam a este pagamento *fazer divisão.* O peixeiro, vestindo roupa enxovalhada de jangadeiro, para o efeito moral, revende ganhando muito, fingindo-se exausto da labuta do mar, falando em botes, baiteiras, jangadas e mar brabo quando não arredou o pé da areia da praia, esperando os jangadeiros de verdade. É sempre grande conversador e pabuleiro, contador de vantagens e modesto expositor de heroísmos pessoais, ignorados pelos jornais e rádios. É o tipo do herói por auto-sugestão consciente e permanente.

Com essa economia a jangada está-se mantendo menos na razão financeira que na fonte incessante de uma mística ainda visível entre os pescadores. Há uma boa percentagem de fidelidade tenaz à jangada. "Não há embarcação de mar como a jangada", diz-me Pedro Perna Santa, apesar de pescar em bote de pescaria.

Todos gabam a invencibilidade dos *seis paus* nas águas do mar. Madeira boeira para não afundar. Morre mais pescador de bote que pescador de jangada. Mestre de jangada é o sabedor do mar, familiar dos ventos, conhecedor dos peixes.

Jangadeiro é o verdadeiro pescador. Jangada é que sabe o mar. São as opiniões ouvidas. Os pescadores maiores de cinqüenta anos são todos fervorosos jangadeiros. Com a crescente socialização implacável do Estado, esmagando a pessoa dentro do grupismo profissional, não haverá esperança do jangadeiro possuir a sua jangada e pagá-la, parceladamente, com o produto de seu pescado. A geração linda desses pescadores bronzeados extingue-se lentamente, lutando no mar, dando motivo literário e peroração política, sem o auxílio financeiro que os encheria de jubiloso entusiasmo produtor. A tendência teimosa pende para a possibilidade das Colônias de Pesca ou Sindicatos de Pescadores ou Cooperativas de Pescado terem no mar sua frota e nunca o jangadeiro isoladamente, ele próprio, herdeiro de quatrocentos anos de fidelidade funcional, sempre dependente, alugado, contratado, no máximo sócio. Impossível é constituir-se o proprietário dos seus meios tradicionais de produção. *Cosi va il mondo...*

Na divisão do pescado em certas praias do sul do Estado, na praia da Pipa por exemplo, há pequenas modificações. No comum a divisão é feita pelo proprietário ou um seu preposto. Na Pipa qualquer veterano de pesca ou pessoa que haja ajudado a *botar p'rá cima* a jangada procede a divisão desde que haja consentimento, mesmo tácito, dos componentes da embarcação, especialmente o mestre. O partidor fica com o peixe sobrado da partilha, as quebras, que aí têm a singular denominação de *cadeira*.[1] Por mais justa que seja a partição nunca deixa de haver uma boa *cadeira*. O mesmo ocorre na Barra do Cunhaú, Tibau, Baía Formosa.

---

1   Informação de Hélio Galvão em 5-9-1954.

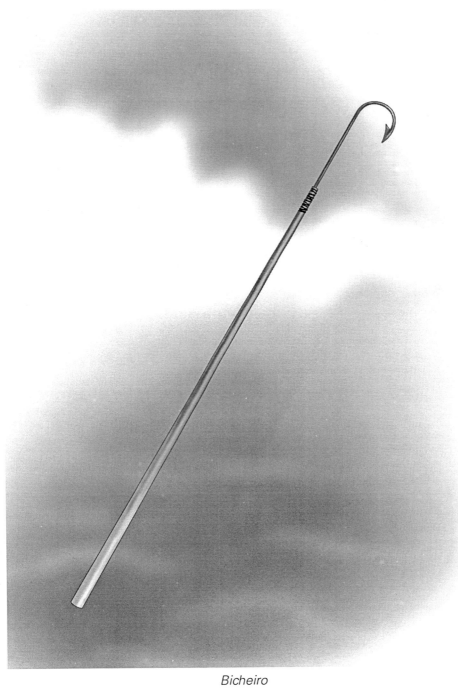

Bicheiro

Pequena Antologia da Jangada

— nos dicionários.
— na poesia.

JANGADA. F. Armação feita com madeira de um navio, para recolher náufragos e quaisquer objetos, em ocasião de naufrágio. Leve construção, em forma de grade, que serve para transporte por mar ou rio. Caranguejola. Bras. Árvore silvestre, de peso insignificante, e que por isso convém para a construção de jangadas. (Do mal. changadam.)

CÂNDIDO DE FIGUEIREDO

JANGADA. Malaim – *xangada*. Reunião de madeiros ligados entre si, formando sobre a água uma espécie de plataforma, que pode, em caso de necessidade, servir de embarcação: nos naufrágios muita gente se salva sobre jangadas.

JAIME DE SEGUIER

JANGADA. (De jangá.) S. f. Construção em forma de grade de madeira, que é uma espécie de barco de transporte, sobre que muitas vezes se assenta tabuado e se levanta um mastro com sua vela.

ENCICLOPÉDIA E DICIONÁRIO INTERNACIONAL

JANGADA. S. f. Grade de paus mui leves bem unidos, talvez com tabuado por cima; sobre elas se navega à vela. Paus dispostos como jangadas; i. é, unidos longitudinalmente, talvez em duas camadas, e deste modo se conduz a madeira desbastada pelos rios, ou por mar; aliás balsas.

ANTÔNIO DE MORAIS SILVA

JANGADA. S. f. Malaio – changadam. Espécie de barco de transporte, tendo o mastro com vela. Armação de madeira de um navio, na qual se recolhe gente em ocasião de naufrágio. Embarcações pequenas e chatas ligadas umas às outras. Comboio de madeira, que desce o rio boiando. Tema – Jangad.

J. MESQUITA DE CARVALHO

JANGADA. F. Embarcação típica do litoral nordestino brasileiro. É geralmente construída de cinco troncos de piúva (ipê) ou da jangadeira (Apeiba), conhecida também por *pau de jangada*. Este conjunto, denominado *lastro*, cujas dimensões comuns são de 7 metros de comprimento por 2 metros de largura, é ligado por outras 5 peças transversais da mesma madeira. Perto da proa vai o mastro, com a vela feita de várias faixas de algodãozinho. A tripulação consta geralmente de três homens, que trajam roupas simples mas apropriadas para resistir à água salgada. Quando na praia, a embarcação repousa sobre rolete de coqueiro. *Paquete* é uma jangada pequena sem vela e impulsionada a remo. Armação de madeira, usada para recolher pessoas ou salvados de um naufrágio. Comboio de troncos de árvores que são lançados a um rio, para que a correnteza dele o transporte. Conjunto de objetos em desordem.

DICIONÁRIO ENCICLOPÉDICO BRASILEIRO
Direção de Alvaro de Magalhães

JANGADA. S. f. Armação feita com as madeiras de um navio para salvamento de náufragos; conjunto de pequenas embarcações ligadas umas às outras; caranguejola; ligeira construção em forma de grade para transportes sobre água; (Bras.) embarcação chata usada pelos pescadores nordestinos, formada de cinco paus roliços (o do centro chamado *mimbura,* os dois extremos, *bordos,* e os outros dois, *meios*), munida de mastro (*borê*).

PEQUENO DICIONÁRIO BRASILEIRO DA LÍNGUA PORTUGUESA
Organizado por Hildebrando Lima e Gustavo Barroso

JANGADA. S. f. (De Janga.) Grade de paus leves e bem unidos, algumas com tabuado por cima, em que se navega. Dá-se também o nome de jangadas aos paus unidos e atravessados em grade, e que assim se transportam pelo rio até grandes distâncias, ou por mar. Madeira em jangada.

DR. FR. DOMINGOS VIEIRA

JANGADA. Reunião de madeiros ligados entre si, e que formam sobre a água uma espécie de plataforma que pode, em caso de necessidade, servir de embarcação; nos naufrágios, muito gente se salva sobre jangadas. Reunião de pequenas embarcações chatas, ligadas umas às outras. Comboio de madeiras que desce os rios, boiando. Caranguejola. Bras. Espécie de balsa, feita de paus ligados entre si por meio de cavilhas de madeira e que se utiliza para a pesca, no norte do Brasil. Árvore silvestre empregada na construção de jangadas, em virtude do seu insignificante peso. Bras. Gir. Pé grande. S. m. O mesmo que langás. Loc. ad.

De jangada, de enfiada, em confusão. Encicl. As jangadas de árvores constroem-se na água: se forem construídas em terra, tenderão a desunir-se no momento da imersão, procurando cada tronco ou peça tomar a sua posição de equilíbrio. Devem ser mais compridas do que largas, juntando os troncos topo a topo, se eles forem muito curtos; no meio têm de ficar os mais longos. Ligam-se os troncos de árvores, colocados alternativamente, com a parte mais delgada voltada a montante e a jusante, por meio de vergas, cordas, cavilhas, etc. e, perpendicularmente aos primeiros, dispõem-se outros, ligados também por igual maneira. Muitas vezes, para se dar mais estabilidade ao conjunto, dispõem-se as primeiras peças sobre pipas ou barris vazios, hermeticamente fechados. É deste modo que se expedem pelos grandes rios as madeiras de construção e as lenhas. Uma cabana rústica abriga o piloto ou pilotos (jangadas dos índios sul-americanos); por vezes até, iça-se uma vela num mastro, para ativar o andamento do comboio. As jangadas de salvação, construídas à pressa, utilizam os objetos mais diversos, suscetíveis de flutuar. As construídas pelos exércitos em campanha são mais ou menos regulares: umas vezes feitas com troncos de árvores ligados por travessas, quando são utilizadas pelos pontoneiros, e outras com barris vazios ligados e recobertos com tábuas.

LELLO

JANGADA. Espécie de balsa, para transporte, e particularmente, pescaria fluvial e marítima, feita de paus roliços de uma certa madeira muito leve, e, convenientemente unidos por cavilhas de madeira rija, formando assim um lastro, que varia em largura e comprimento e sobre o qual assenta um banco, de cujo centro parte o mastro da vela, de forma triangular. "A principal pescaria deste Estado, diz um escritor de fins do século XVI, é feita por negros em jangadas, que saem fora ao mar alto". A jangada é somente conhecida na zona litorânea do Maranhão à Bahia e tem merecido a atenção de notáveis escritores e viajantes estrangeiros. Henry Koster, ao vê-las vogando em todos os sentidos ao entrar no porto do Recife em 1810 (*a data certa é 1809*), confessa, que nada do que vira nesse dia lhe causara tanta admiração; e descrevem-nas particularmente, L. F. Tollenare, em 1816; Mrs. Maria Graham, em 1827; e L. Agassiz, em 1865.

"A atrevida jangada de Pernambuco, escreve o nosso historiador F. A. de Varnhagem, ainda hoje acomete nossos mares, com pasmo do viajante europeu, que mal concebe como haja quem arrisque a vida sobre uns toros ligeiríssimos, mal unidos, que vão quase debaixo dágua, navegando dias e dias, longe da vista da terra." Fale-me em pau de jangada, que é pau que bóia. Mostra de quantos paus se faz uma jangada. (Ditados populares.) Dá-se igualmente o nome de Jangada, Pau de Jangada ou Jangadeira, à tiliácea, também conhecida por Embira Branca, que fornece a madeira para a construção da embarcação, e que originariamente conhecida entre nós pelo nome vulgar de Peíba, com a variante de Piúba, no Ceará, como assim chamavam os indígenas, vem daí a sua classificação ou denominação científica de *Apeiba cimbalanea,* dada por Arruda Câmara. Vegeta somente nas matas de alguns Estados do norte, cujo tronco, sem ramificações senão no topo, erecto é elevado, e tão leve, que um índio, como escreve um cronista "transportava do mato às costas três paus destes de 25 palmos de comprimento e da grossura da sua coxa para fazer deles uma jangada para pescar no mar a linha". A denominação, porém, de Pau de Jangada, já vem de longe, uma que assim a regista o autor dos *Diálogos das Grandezas do Brasil:* "Também há um outro pau que chamam de *jangadam* porque se fazem as tais dele para andarem pelo mar. "Descrevendo Almeida Pinto a *Jangadeira* ou *Embira Branca* consigna: "A madeira desta árvore é de uma textura tão frouxa, que sustenta-se sobre as águas, comportando grande peso sobre si. Por esta razão, faz-se com ela a singular embarcação, de que os pescadores se servem em Pernambuco para pescaria, e que se chama

Jangada, com a qual eles transpõem o oceano a distâncias bem longínquas". Esta espécie particular de Jangada, com armação e utensílios próprios para a pesca, de par com a respectiva munição de boca, uma vez que perde terra de vista, consumindo mesmo alguns dias no serviço, e conservando em salga, o peixe que matam os jangadeiros, tem o nome particular de Jangada do Alto, de cujo modo de construção, disposições, mastreação, velame e utensílios, com a sua particular nomenclatura, quase que composta de termos indígenas ou chulos, fazem menção Paulino Nogueira, A. Câmara e Beaurepaire Rohan. "Dentro da barcaça só o que caía eram as escumas dos mares que ela atravessava como jangadinha do alto." (Franklin Távora) Derivado: *Jangadeiro,* domo, mestre, tripulante de jangada. "Joaquim José de Sant'Ana, cabra, jangadeiro do Rio Doce. Seis meses de calceta por ordem de 23 de janeiro de 1818." (Assentos da Casa de Detenção.) "Um jangadeiro, que falou com gente do vapor, me veio, a toda pressa, dar a notícia." *(O Azorrague,* nº 41 de 1845.) Estudando Rohan a etimologia do vocábulo Jangada, diz que *"é termo usual em Portugal",* o que nós acrescentaremos, na Europa, e mesmo na Ásia, desde a mais remota antiguidade, bem que a "Jangada de lá não tenha a aplicação que lhe dão no Brasil. Parece que este vocábulo é relativamente moderno na língua portuguesa. É certo que, em 1587, já dele se serve Gabriel Soares; mas anteriormente, em 1500, Vaz de Caminha, descrevendo a Jangada que vira em Porto Seguro, tripulada pelos índios, na carta que dirigiu a el rei D. Manoel, lhe dá o nome de *Almadia de três traves atadas juntas.* Em tupi tem a Jangada o nome de *Igarapeba,* que se traduz em *Canoa chata.* Não se compadece, portanto, a etimologia que dá Paulino Nogueira, de *ñan ig ára; yan ig ára;* e *jan ig ára,* e por fim *jangada,* a significar literalmente *aquilo que corre nágua,* uma vez que os nossos indianólogos nada dizem a respeito, nomeadamente Teodoro Sampaio, um dos mais competentes, que não regista o termo no seu *Vocabulário.* É o mesmo caso de Mecejana e Jurumenha, nomes de conhecidas localidades portuguesas, dados como de origem tupi".

PEREIRA DA COSTA
Vocabulário Pernambucano

Jangada. S. f. Espécie de balsa de 7 a 8 metros de comprimento sobre 2,60 de largura, feita de 6 paus de uma certa madeira mui leve, ligados entre si por meio de cavilhas de madeira rija. A jangada é principalmente destinada à pesca, desde o norte da Bahia até o Ceará. Também a empregam como meio de transporte de passageiros e, neste caso, são guarnecidas de um toldo e dão-lhe o nome de paquete. Os 2 paus do centro são os *meios;* os 2 imediatos, os *bordos;* e os 2 últimos, as *membiras.*

Segundo Juvenal Galeno, de proa à popa, as suas partes acessórias são:

1º) Banco de vela, que serve para sustentar o mastro.

2º) Carlinga, tabuleta com furos embaixo do Banco de vela e em que se prende o pé do mastro, mudando-o de um furo para outro, conforme a conveniência da ocasião.

3º) Bolina, tábua que, entre os dois meios e junto ao Banco de vela, serve para cortar as águas e evitar que a Jangada descaia para sotavento.

4º) Vela, uma grande e única vela cosida em uma corda junto ao mastro, o que se chama palombar a vela.

5º) Ligeira corda presa à ponta do mastro e nos espeques para segurar aquela.

6º) Retranca, vara que abre a vela.

7º) Escota, corda amarrada na ponta da retranca e nos caçadores. Para encher a vela de vento, puxa-se a escota.

8º) Caçadores, 2 tornos pequenos na proa.

9º) Espeques, 2 tornos de 0,22 com uma travessa e no meio uma forquilha. Na forquilha cada pescador amarra uma corda e, quando é preciso, nela segura-se derreando o corpo para o mar e assim "agüentando a queda da jangada". Nos espeques e forquilha coloca-se o barril d'água, o tauaçu, a quimanga, a cuia de vela, a tapinambaba, o samburá e a bicheira.

10º) Tauaçu, pedra furada, presa a uma corda e serve de âncora.

11º) Quimanga, cabaça que guarda comida.

12º) Cuia de vela, concha de pau com que se molha a vela.

13º) Tapinambaba, maçame de linhas com anzóis.

14º) Samburá, cesto de boca apertada em que guarda o peixe.

15º) Bicheira, grande anzol preso a um cacete, com que se puxa o peixe pesado para cima da jangada, a fim de não quebrar a linha.

16º) Banco do governo, banco à popa em que se assenta o mestre.

17º) enfim, Macho e Fêmea, 2 calços à popa, onde se mete o remo, servindo este de leme.

Etim. É termo usual em Portugal, bem que a jangada de lá não tenha a aplicação que lhe dão no Brasil. Parece que este vocábulo é relativamente moderno na língua portuguesa. É certo que em 1587 já dele se serve Gabriel Soares; mas anteriormente, em 1500, Vaz de Caminha, descrevendo a jangada que vira em Porto Seguro, dá-lhe nome de Almadria. Em tupi tem a jangada o nome de Igapeba, que se traduz em *Canoas chata*.

TEN. GAL. VISC. DE BEAUREPAIRE ROHAN

Dicionário de Vocábulos Brasileiros (1889)

JANGADA. Do malaiala Changadãm, balsa, dois barcos ligados para passagem de rios. O voc. já é citado no 1º sec., no "Periplus Maris Erythraei", com a forma helenizada "Zaggara" (G. Viana, apost. II, 34).

ANTENOR NASCENTES

Dicionário Etimológico etc.

JANGADA. Sólido estrado flutuante, construído por cinco pranchas de madeira leve, geralmente "pita", cavilhadas sobre si mesmas, a meio, em mastro de "matá-matá" para a vela; na popa, um banco para apoio do jangadeiro; governada por meio de uma tranca de madeira que serve de leme; no prolongamento do mastro, e para dentro do mar passando por uma clara no estrado, o "toassu" ou prancha da madeira móvel, para os efeitos de quilha; por ante-a-vante do banco da popa, um pequeno mastro, para apoio nas manobras da vela e também para suporte dos apetrechos úteis, tais como "samburá", para a isca e pescado; "barrilete" de madeira, para água; "quinanga", para guardar os alimentos dos jangadeiros em alto-mar. (V. "meios", "papuo", "mimburas". – Embarcação muito usada pelos pescadores de alto-mar, na costa NE do Brasil.)

ALMIRANTE AMPHILOQUIO REIS
Dicionário Técnico de Marinha

JANGADA. S. f. 1º) Armação feita de madeira e tábuas de um navio para recolher a gente e o mais que se pode salvar em ocasião de naufrágio.

2º) Construção em forma de grade de madeira, que é uma espécie de barco de transporte, sobre que muitas vezes se assenta um tabuado e se levanta um mastro com vela.

3º) Árvore silvestre, muito leve, preferida para jangadas, e também chamada jangadeira.

4º) Pequenas embarcações chatas ligadas umas às outras.

5º) Conjunto de coisas em desordem; caranguejola.

6º) Comboio de madeiras, que desce os rios boiando.

JANGADA DO ALTO. S. f. Jangada própria para navegar no alto-mar.

GRANDE E NOVÍSSIMO DICIONÁRIO DA LÍNGUA PORTUGUESA
Organizado por Laudelino Freire, com a colaboração técnica do Professor J. L. de Campos

JANGADA. Armação feita de madeira e tábuas de um navio para recolher a gente e o mais que se pode salvar por ocasião de naufrágio.

– Construção em forma de grades de madeira que é uma espécie de barco de transporte sobre que muitas vezes se assenta tabuado e se levante um mastro com sua vela.

– Pequenas embarcações chatas ligadas umas às outras. "Jangadas de 20 Paraus, que vinham encadeadas." (Góis)

– Embarcação dos pescadores do Norte do Brasil.

– Árvore brasileira do Estado de Alagoas, da família das Liciacéias de cuja madeira se constrói jangadas de pescar e da casca se extrai uma fibra muito resistente de que se fazem cordas.

ENCICLOPÉDIA E DICIONÁRIO INTERNACIONAL
Jackson

JANGADA. Ch. Bras. Por esse nome e os de Paraopeba e dos Bois, falavam os antigos sertanistas no Rio que pela posição e direção do seu curso, deve ser o Paratininga.

– Serra do Estado das Alagoas, no município de Murici.

– Ilha do Estado do Amazonas, no Rio Japurá, entre as ilhas de Jurupari e Curumatá.

– Lago do Estado do Maranhão, no município de Miritiba.

– Jangada (de Jangá). Subs. Fem. Armação feita de madeira de tábuas de um navio, para recolher a gente e o mais que se pode salvar por ocasião de um naufrágio. Construção em forma de grade de madeira que é uma espécie de barco de transporte sobre que muitas vezes se assenta tabuado e se levanta um mastro com sua vela.

– Pequenas embarcações chatas ligadas umas às outras. (Jangadas de 20 Paraus, que vinham encadeadas – Góis.)

– Norte do Brasil. Embarcação dos Pescadores do Norte do Brasil; com pequeninas jangadas nos maceiós encalhadas... (J. Galeno)

– Árvore brasileira (Apeiba), Cimbalânia (do Estado de Alagoas) da família das Liciáceas, de cuja madeira se constrói jangadas de pescar e de cuja casca se extrai um fibra muito resistente de que se fazem cordas.

ENCICLOPÉDIA E DICIONÁRIO INTERNACIONAL
Organizado e redigido com a colaboração dos distintos homens de ciências e letras

A JANGADA

Juvenal Galeno (1836-1931)

Minha jangada de vela.
Que vento queres levar?
Tu queres vento de terra,
Ou queres vento do Mar?
Minha jangada de vela,
Que vento queres levar?

Aqui no meio das ondas,
Das verdes ondas do mar,
És como que pensativa,
Duvidosas a bordejar!
Minha jangada de vela,
Que vento queres levar?

Saudades tens lá das praias,
Queres n'areia encalhar?
Ou no meio do oceano
Apraz-te as ondas sulcar?
Minha jangada de vela,
Que vento queres levar?

Sobre as vagas, como a garça,
Gosto de ver-te adejar,
Ou qual donzela no prado
Resvalando a meditar:
Minha jangada de vela,
Que vento queres levar?

Se a fresca brisa da tarde
A vela vem te oscular,
Estremeces como a noiva
Se vem-lhe o noivo beijar:
Minha jangada de vela,
Que vento queres levar?

Quer sossegada na praia,
Quer nos abismos do mar,
Tu és, ó minha jangada,
A virgem do meu sonhar:
Minha jangada de vela,
Que vento queres levar?

Se à liberdade suspiro,
Vens liberdade me dar:
Se fome tenho – ligeira
Me trazes para pescar:
Minha jangada de vela,
Que vento queres levar?

A tua vela branquinha
Acabo de borrifar;
Já peixe tenho de sobra
Vamos à terra aproar:
Minha jangada de vela,
Que vento queres levar?

Ai, vamos, que as verdes ondas,
Fagueiras a te embalar,
São falsas nestas alturas
Quais lá na beira do mar;
Minha jangada de vela,
É tempo de repousar!

A JANGADA

Luís Guimarães Júnior (1847-1898)

Cinco paus mal seguros e enlaçados
Rompem os ventos pérfidos e irosos;
Neles confiam mais que venturosos
Dois pescadores nus e desgraçados.

Essa prancha que em saltos arrojados
Corta o mar como os lenhos poderosos,
Resume a vida, a fé – resume os gozos
Dos miseráveis rotos e esfaimados.

Nós também, alma minha, as desventuras
Bem conhecemos: – forte e esperançada
Sulcas do mundo o pranto e as vagas duras.

Que importa! A crença é tudo e a morte é nada,
E neste fundo abismo de amarguras
Uma esperança vale uma jangada.

O JANGADEIRO

Rodolfo Teófilo (1853-1932)

As verdes ondas bravias,
Dos mares de minha terra,
O Jangadeiro atrevido,
Que nenhum perigo aterra,
Vai afrontá-las cantando,
Num leve batel boiando
Os cinco paus bem ligados,
Por uma vela levados
Vão pelos mares sem fim...
Sem bússola ele vai certo,
Como num caminho aberto,
Navegando sempre assim.

Do vento as fortes lufadas,
As iras dos vendavais,
A cerração no mar alto,
A fúria dos temporais
Não fazem susto nem medo
Ao jangadeiro, pois cedo,
Desde menino que ouvia
O furacão que bramia,
Por cima das ondas solto.
Cresceu com as vagas brincando,
No seio delas nadando,
No meio do mar revolto.

A noite, quando a tormenta
Uivava desenfreada
Querendo lançar por terra
A cabana levantada,
Nas dunas de frouxa areia,
Tendo apagado a candeia
O sopro da ventania,
Ele sem medo seguia

Sozinho na escuridão,
Esperar pela jangada,
Para depois de rolada,
Trazer o uru de cação.

Assim cresceu, muito novo
Faz a viagem primeira
Numa pequena jangada,
Numa pobre caçoeira,
Sozinho sai pelos mares,
Sem penas ter, sem pesares,
Remando sempre e cantando,
A terra vai-se apagando,
Pouco a pouco a se ficar.
Naquele compasso certo,
Avança, põe-se mais perto,
Mais perto de fundear.

A Jangada

Farias Brito (1863-1917)

Ei-la solta no mar ligeiro esvoaçando.
Como um vasto lençol
Para as nuvens azuis, sublime levantando
As asas colossais, brilhantes como o Sol.

Tornou-se uma legenda. Adoro-te, jangada,
És um poema de amor na luta encarniçada
Contra o vil interesse e a negra tirania,
Nesse drama imortal de glória e de agonia,
Em que foi sufocada a voz do despotismo,
E foi desfeito o mal e foi transposto o abismo
Da negra escravidão.

Emblema do progresso, águia da multidão,
Foste o canto ideal da nova marselheza
Que fez brotar o bem. Tiveste a realeza
Das coisas imortais,
Cheias da grande luz dos grandes ideais,
Que fazem renovar-se o coração humano,
Sentindo da verdade o influxo soberano,
Foste da liberdade a página dourada,
Branca filha do mar, celestial jangada.

A Morte do Jangadeiro

Padre Antônio Tomás (1863-1941)

Ao sopro do terral abrindo a vela,
Na esteira azul das águas arrastada,
Segue veloz a intrépida jangada,
Entre os uivos do mar que se encapela.

Prudente, o jangadeiro se acastela
Contra os mil incidentes da jornada;
Fazem-lhe, entanto, guerra encarniçada
O vento, a chuva, os raios, a procela.

Súbito, um raio o prostra e, furioso,
Da Jangada o despeja n'água escura:
E em brancos véus de espuma o desditoso

Envolve e traga a onda intumescida,
dando-lhe, assim, mortalha e sepultura
O mesmo mar que o pão lhe dera em vida.

———————

O Pescador

Francisco Palma (1875-1953)

Extenso o mar, a praia extensa. Alveja
Ao longe a vela de sutil jangada;
E, à tardinha luz quase apagada,
Muito de leve a onda rumoreja.

Tingindo o azul alguma asa adeja,
Asa feliz e cândida, iriada,
D'ave que busca a mística morada
Do esposo sem par, que adora e beija.

E a branca vela se aproxima. A vaga,
Murmurejante, cerca e, alegre, afaga,
A jangadinha que retorna à terra.

Salta cansado o pescador e, agora,
Vai ver no lar a sempiterna aurora
Das coisas santas que esta vida encerra.

———————

A JANGADA

Ferreira Itajubá (1876-1912)

Dia pleno. Céu claro. A atrevida jangada
Corta ao vento marinho a água salsuginosa...
Que coisa simboliza? Uma asa tremulosa
De garça, a palpitar sobre a esteira anilada.

Marés não perde, até que um dia naufragada
Rola no bojo azul da vaga procelosa...
É o mistério da vida efêmera, enganosa,
Tudo vindo do pó, tudo voltando ao nada,

Assim, da alma que suga o mel das utopias,
A jangada veloz parte aos ventos de janeiro,
Em busca de ilusões no mar das fantasias...

E tanto às ondas vai que, sem bolina e pano,
Voa com o temporal, deixando ao jangadeiro
Se escapa, uma saudade... um tédio... um desengano.

———————

A JANGADA

Mário Linhares

Mal o clarão da aurora rompe a bruma
E densa escuridão da madrugada,
Aos repuxos das ondas, a jangada,
Serena e afoita, a branca vela enfuna.

O dorso encrespe o oceano e o vento zuna,
Segue aos vaivéns da água convulsionada,
E sobe e desce, aos ímpetos de cada
Vaga, e à mercê dos mares se afortuna.

Parte e se some. A fúria, é de ver que ela
Volta afrontando a fúria da procela,
Antes que a luz do dia se dissipe.

Volta, encurvando-se à asa da vela: suste-a
A ira do mar – volta, ao poder da angústia,
Da saudade sem fim do Mucuripe.

———————

A Jangada

Cônego Climério Chaves

Límpido céu se ostenta majestoso!
Manhã serena, clara e deslumbrante...
A natureza torna-se elegante,
O mar se agita manso e amoroso!

Com rugido festivo e bonançoso
Nas águas geme o vento sussurrante
Enfunando a velinha doidejante
Que tremula num sopro caprichoso.

É a jangadinha branca que desliza
Pela azul superfície do oceano
Aos embates puríssimos da brisa!...

E ao longe... muito ao longe – o alvo pano
Como estranha cortina se divisa
No esplêndido horizonte americano!

———————

A Jangada

Jaime dos Guimarães Wanderley

Até onde irá você, vela branca enfunada,
Que singra o verde mar, logo ao raiar do dia?
Que destino a conduz, por essa longa estrada,
Que coleia a seus pés na equórea romaria?

Até onde irá você, jangadinha pejada
de lendas passionais, de maga fantasia?
Para onde vai rumando, ao clarão da alvorada,
Sem um pouso sequer, na sua nomadia?

É o destino das naus, sorte ingrata das velas,
Caminhar, sem detença, em mares tempestuosos,
Enfrentando o furor de indômitas procelas...

Mas, quando a noite cai, ao embalo do mar,
Volto à praia que me abre os seus braços sedosos
Entre o sangue do poente e a mortalha do luar.

———————

FAZENDO JANGADA

Gilvan Chaves

Com quantos "pau"
Se faz uma jangada;
É com dois "bordo"
Duas "membura" e dois "meio"!
É com dois "meio", duas "membura"
E dois "bordo".

Banco de vela e carlinga,
Mastro, Tranca, Escota e Ligeira.
Com a Cuia de Vela atira água na vela
Pra aumentar a carreira.

Bolina, Banco e Espeque,
Fateixa, Cabaça e Samburá,
Com a Araçanga mata o peixe fresquinho
Que se acaba de pescar.
Banco de governo e Mura,
Caçador, Calço e Travessão.
Com o Remo controla a Jangada e o bordo
Pra qualquer direção.

Vocabulário da Jangada

ALIMENTAÇÃO. Conduzem na quimanga ou cabaça carne seca, peixe assado, banana, rapadura, bolacha e a indispensável farinha de mandioca. Para beber, água do barril. Nas jangadas do alto, em pescaria de dormida nas Paredes, levam um fogareiro de lata de querosene com carvão. Colocam-no diante dos espeques ou em cima do banco de vela. Durante a pescaria o mastro é retirado, a vela enrolada, dando espaço para a improvisada e sumária cozinha. O primeiro peixe vai para a panela, nágua e sal, destinado ao cozinhado, com farinha solta ou pirão escaldado no molho. Diz-se então *comer peixe vivo* a esta refeição que, mais das vezes, inicia o serviço duro da pescaria até o sol pender, hora em que se *trata* do pescado. Grandes bebedores de cachaça em terra, os jangadeiros são sóbrios *im riba das águas do mar,* temendo as afoitezas que o álcool provoca.

AMURA ou MURA. Extremidade inferior da vela. Corda que partindo daí é amarrada debaixo da carlinga. Estica a vela para baixo.

ANZOL. Dividem em "barbela", a ponta aguda; "Volta", a curva, e "Pata", depois da Volta até a extremidade. Os anzóis mais conhecidos dos jangadeiros são "anzol de isca", o menor, "anzol de Biquara" de um e meio centímetros na Volta, "anzol de Guaiuba", dois centímetros, "anzol de pargo", três centímetros, "anzol de corso", três e meio centímetros, "meio quinze", quatro centímetros e mais, "quinze", cinco a seis centímetros, "anzol de vintém", o maior, seis centímetros e mais na Volta 18 na Pata, para peixe grande, guaiuba inteira, quarajuba, tubarão. Usam com linha de espera ou de Bibuia, grossa de 3/8 de grossura. Depois da Volta há o reforço do anzol, enrolado ou, tratando-se de pesca de cação ou linha de corso, com arame. Este reforço é o IMPU.

ARAÇANGA. Bastão curto ou cacete com que o jangadeiro mata o peixe ferrado ao aproximar-se da jangada, quando "dá a cabeça". Arrasta-se depois para cima da embarcação.

BALUMA. Cordinha cosida ao lado da Vela, entre a Guinda e o Punho, reforçando-a.

BANCO DE GOVERNO. Banco de Mestre, banco à popa da jangada onde o mestre está sentado, com a linha de corso amarrada na coxa e o Remo de Governo na mão.

BANCO DE VELA. Banco à proa da jangada, servindo para sustentar o mastro e neste a única vela da jangada. O Banco é o conjunto e também a parte superior onde está o orifício por onde passa o mastro. Seguram-no as duas "Pernas do Banco", atravessando a tábua do Banco e a Carlinga que é a parte inferior. A tábua do Banco e as Pernas são reforçadas e presas pelos "cabrestos", ligamentos com cordas fortes e resistentes.

BARRIL. Barrilote que contém água para os jangadeiros na pescaria. Vai suspenso nos espeques. A desgraça do jangadeiro é um barril vazando...

BATER ISCA. Bater engodo. Em certos pesqueiros, quando o peixe demora, batem isca, dando com a araçanga na cabeça dos peixes menores levados para o anzol. Atiram depois ao mar a isca triturada e o sangue e vísceras se espalham nágua, atraindo o pescado tardio. Dizem que os peixes "vêm no faro"...

BIBUIA. Bubuia, linha de pescar sem chumbada, descendo pelo peso da isca. Chama-se a esta pescaria *de bibuia solta,* com 50 a 60 braças de fundo. É comumente pesca graúda, de cerigado, arabaiana, cioba, dentão, dourado, serra, bicudo, mero.

BICHEIRO. Anzol grande preso a um cacete para fisgar o peixe maior e ajudá-lo a colocar na jangada. O pescado de volume quando chega perto da borda, "dando a cabeça", é *embicheirado,* evitando que a linha se rompa. Bicheira.

BICO DE PROA. Terceira pessoa na jangada. Substitui o Proeiro. Marca o peixe que lhe é destinado cortando as duas pontas da cauda. Compete-lhe "aguar o pano", jogando água na Vela.

BOLINA. Tábua de pinho, comumente de um metro e trinta por oitenta centímetros de largura. Colocam-na bem no meio da jangada, logo após o Banco de vela, atravessando e mergulhando oitenta centímetros nágua. Equilibra a embarcação e agüenta-a contra o vento, evitando a caída para sotavento e dificulta a virada, a jangada rolar. Para que a abertura onde passa a Bolina não se alargue, estragando os "meios" onde é metida, há o *Calço da Bolina,* reforço de madeira de cajueiro na entrada e saída, em cima e por baixo da jangada.

BORDOS. Os dois segundos paus na jangada, entre os "meios" do centro e as "mimburas" ou "memburas", exteriores. São os mais grossos e fazem marcada saliência debaixo da embarcação.

BOTE. Jangada de três metros e pouco mais, oitenta centímetros a um metro de largura. Não tem vela e apenas o remo de governo. Comporta dois homens na pescaria. Pesca habitualmente no Taci e com vento brando até as Corubas. Chamam-na também *Catraia* quando serve para transportar pessoas das barcaças para terra e vice-versa. A Catraia, neste caso, fica a bordo da embarcação a que serve.

BÚZIO. Búzio era outrora empregado pelos jangadeiros, chamando os fregueses, anunciando peixe fresco, quando as jangadas chegavam à praia. Continua usadíssimo em quase todas as praias do Rio Grande do Norte para avisar a aproximação de jangadas ou canoas durante a noite. O som prolongado e rouco atrai infalivelmente os pescadores que ajudam a encalhar a jangada ou receber encomenda ou recado urgente trazido pela canoa. No Ceará denominava-se "Atapu".

CABAÇA. O mesmo que Quimanga. No Rio Grande do Norte raramente ouve-se Quimanga. Usualmente diz-se Cabaça. "Veja aí na cabaça se tem farinha..."

CABOS DO ESPEQUE. Cabos da Forquilha do Espeque. Três ou quatro cabos de corda forte amarrado à forquilha do espeque. Servem para os jangadeiros segurarem pendendo o corpo para o lado contrário ao bordo inclinado da jangada, "agüentando a queda", equilibrando a embarcação especialmente em viagem.

CABRESTOS. Voltas de linha ou corda fina e resistente passadas nos extremos do Banco de vela para as cavilhas atravessadas nos paus da jangada como reforço de segurança.

CAÇOEIRA. Jangada pequena, comumente sem vela, para a pesca com caçoeira. Esta é uma rede de malhas largas, medindo um total de 25 a 30 braças. Fica estendida, flutuando sem tocar fundo, suspensa por uma série de pequenas bóias de cortiça e esticada por uma chumbada de pouco peso. Presa a uma poita cuja tauaçu mergulhou, na outra ponta está uma corda, denominada "bolandeira", que pode ficar na mão do mestre ou amarrada a uma bóia maior que serve de sinalação. Os peixes engalham na Caçoeira estendida e aí ficam, *malhando*. Habitualmente a toninha, o cação sicuri ou tintureira, o espadarte, o mero, a serra, enrodilham-se nas malhas e vão ao fundo sendo retirados mortos ou exaustos. É pescaria noturna e sem luar porque a claridade afugenta o pescado que vê a rede. A jangadinha que leva a caçoeira ficou com o mesmo nome.

CALA DE LINHA. Porção de linha que o pescador emprega em serviço normal, 50 a 60 braças. Havendo necessidade emendam várias calas indo a linha a mais de 200 braças. As calas de linha vão no gancho da pinambaba e o anzol em volta dela.

CALÇADORES. Dois tornos, os maiores da jangada, postos paralelamente na popa. São fincados obliquamente em relação um para o outro. A escota é presa num dos calçadores e entre eles passa o remo do governo. O registro comum é CAÇADORES mas os jangadeiros dizem, unanimemente, CALÇADORES. Idêntica observação fez Florival Seraine no Ceará.

CARLINGA. Tábua com uma série de furos e que é a parte inferior do Banco de vela e aí pousa o mastro cujo pé espontado vai sendo sucessivamente mudado de furo em furo conforme a necessidade da navegação. Há carlingas de nove e treze furos. Na primeira, dispostos na mesma linha, e são: – "furo de barca ou do meio", "da bolina", "primeiro do meio", "segundo de dentro", e "furo da beira". Na segunda, os furos são postos em séries de três e transversalmente, seis para cada lado. Chamam-se "furo de barca ou do meio", o central, e os demais, "da bolina", "segundo furo", "terceiro de dentro", "quarto de dentro", segundo da bolina" e "terceiro da bolina". Outrora eram "furo do terral", "da viração", "do largo", "da bolina", etc. A jangada sai comumente no Furo de Barca e *lá fora* o mestre vai experimentando a carreira, mudando até que a embarcação adquira velocidade. Há preferência. *Furos bons* e *furos ruins* de acordo com a jangada.

CARREIRA DAS PEDRAS. Terceiro pesqueiro, em distância e fundura, 10 a 12 milhas da costa, com 25 a 30 metros dágua. Pescam guaiúba, dentão, cangulo, sapuruna, biquara, mariquita, piraúna, pirambu, xira, cambuba, etc.

CONTRA-BICO. A quarta e última pessoa na jangada. Pesca na proa e marca o peixe cortando uma parte da cabeça.

CUIA DE VELA. Concha de madeira com que se joga água na vela. Vela molhada "pega mais vento". No sentido de aproveitar a oportunidade diz-se "enquanto há vento, água na vela".

CURUBAS. Na relação de distância e profundidade é o segundo pesqueiro geral, com 18 a 20 metros d'água e oito milhas da terra. Pescam o coró amarelo, cangulinho, xira, piraúna, etc.

DAR DE VELA. Voltar da pescaria. É a ordem de "largar", findando o trabalho.

ENCALHAR. Quando a jangada toca terra mete-se um dos rolos debaixo da embarcação, na altura do banco de vela e o Mestre caça a escota, puxando-a, *para encher o pano,* ajudando o encalhe. Os tripulantes pulam para dentro dágua empurrando-a pelos calçadores. Logo que a jangada dá a primeira rolada, coloca-se o segundo rolo também no mesmo ponto do primeiro que já está saindo e é reposto para substituir o segundo em movimento. A ponta da poita é retirada, passando por baixo do banco de vela, fazendo uma volta no tolete e atirada para quem queira puxar. Durante a noite o mestre anuncia sua vinda com um prolongado toque de búzio. Há sempre gente auxiliando a encalhar e todos têm direito a um ou dois peixes, tirados do monte da pescaria e já destinados a satisfação deste compromisso. *Botar p'ra cima.*

ENVERGUE. Corda resistente cosida à vela e enrolada no mastro.

ESCOTA. Corda amarrada da ponta da Tranca para um dos Calçadores. Guia a vela, dando maior superfície ao vento, aumentando ou diminuindo a marcha da jangada. A escota passa, enrolada em laçada simples, num calçador mas a ponta é amarrada ao remo de governo, ambos à mão do mestre para a manobra.

ESPEQUES. Três paus, presos diante do Banco do governo ou do Mestre, e atravessados por um outro, a "travessa". É o depósito da jangada. O terceiro pau é a Forquilha, mais saliente, e os dois menores dizem comumente "espeques". Na Forquilha e Espeques colocam o barril dágua, o tauaçu, a quimanga ou cabaça, a cuia de vela, o samburá, o bicheiro e amarra-se a ponta da Ligeira que vem do punho da vela.

FATEIXA. Fateixa de pau, Fateixa de jangada, substitui o tauaçu. É uma armação segurando por meio de travessas uma pedra arredondada. As extremidades dos paus se fixam no fundo dágua e a pedra reforça a pressão quase imobilizando a jangada. O tauaçu é mais ou menos arrastado pela correnteza e a Fateixa *agarra mais o fundo* na areia, nas pescarias pela costa.

FÊMEAS. Calço de madeira na popa defendendo os "meios" do atrito constante do remo de governo. Macho e Fêmea.

FORRAS. Tábuas de duas polegadas de espessura por três de largura postas nos dois "bordos" por baixo da jangada, protegendo os mesmos contra o desgaste provocado pelo atrito dos rolos empregados para lançar a embarcação nágua e encalhá-la de regresso, *botar pr'a cima.*

FUNDO. Na linguagem dos jangadeiros tem duas acepções. Na primeira é saçangar, arriando a saçanga como fio de prumo ou sonda para verificar a profundidade e então se diz *dar fundo*. Na segunda significa o abismo, não havendo ponto onde o atuaçu toque ou a linha de chumbada encontre firmeza. Deu fundo com trinta braças ou, depois das Paredes é o fundo, são frases que fixam as duas imagens.

IMPU. Reforço no anzol logo depois da Volta. É de linha ou fio no comum mas usam arame quando se trata de pesca de cação ou linha de corso, IPU no Ceará.

LIGEIRA. Corda vinda do "punho" da vela e amarrada nos espeques, segurando e mantendo a vela.

LINHA DE AGULHA. Linha de bibuia, solta, sem anzol e às vezes sem isca, própria para a pesca das agulhas ("Belonidae, Hemirhamphidae", etc.). Fazem uma pequenina bolinha de fio na ponta da linha e a agulha engole, voraz. No Ceará dizem Goiçana e Goiçama.

LINHA DE CHUMBADA. Linha de pesca com chumbo de meio quilo. Desce imediatamente ao fundo. Leva dois anzóis. É a preferida para a pega das iscas, sapuruna, biquara, mariquita, piraúna, predileta dos peixes grandes.

LINHA DE CORSO. Linha que o Mestre traz amarrada na coxa quando a jangada navega. Tem o impu de arame e vem sendo arrastada na viagem, de corso, atraindo os peixes que pream as iscas em movimento. Sentindo que o peixe ferrou, o Mestre desata a linha e entrega ao Proeiro que é encarregado de puxar, ganhando 10% do pescado na linha de corso que só o Mestre pode usar. Os peixes mais comumente apanhados nesta linha são cavala, bicuda, dourado, albacora, agulhão de vela, serra, etc.

MASTRO. O único mastro é feito de gororoba, camaçari ou conduru e mede de cinco a seis metros. São estas as madeiras recomendáveis pela resistência e flexibilidade. Durante a pescaria, largado o tauaçu, enrola-se a vela no mastro, retirando-o completamente. Deitam-no apoiado no banco de vela e na forquilha dos espeques. Boré no Ceará.

MEIOS. Os paus do centro da jangada; um nas embarcações de cinco paus e dois nas jangadas de seis paus. São os mais finos.

MESTRE. Piloto da jangada e o primeiro pescador. Tem a responsabilidade da navegação, escolha dos pesqueiros, duração da tarefa. Leva o Remo de Governo na mão e a linha de corso amarrada na coxa, sentado no Banco de Governo ou de Mestre. É a autoridade real na jangada. Mestre é para mandar. O Mestre deve saber.

MIMBURAS. Memburas. São os dois paus exteriores, os primeiros. Na Bahia, segundo o almirante Alves Câmara, denominavam PAPUS. São aproximadamente um terço mais finos do que os "bordos" e mais grossos que os "meios". Os tornos que atravessam as mimburas atingem apenas aos "bordos", não alcançando os "meios". Em caso de virar a jangada no alto-mar um dos supremos recursos é arrancar as mimburas, tornando a embarcação mais leve e própria para voltar à posição normal.

PAQUETE. Jangada de 6 a 7 metros, com 1,20 de largura. Tem todos os aviamentos da jangada grande ou jangada do alto. Com tempo bom, vento brando, vai pescar até nas Paredes.

PAREDES. Sétimo e último pesqueiro em distância e fundura. Fica a 45,50 e mais milhas da costa, tendo 120 metros comuns de profundidade. É pescaria *do alto, no fundo de fora* e, em certas épocas de verão, *de dormida* voltando no dia seguinte. Depois das Paredes não há pescaria. Não há fundo para o tauaçu ou fateixa nem as chumbadas encontram apoio. Quem pesca nas Paredes faz careta ao Diabo.

PAU DE JANGADA. Jangadeira Tiliácea, *Apeiba tibourbou,* Aubl. Gabriel Soares de Souza em 1587 foi o primeiro a descrever o Pau de Jangada: "Apeiba é uma árvore comprida muito direita, tem a casca muito verde e lisa, a qual árvore se corta de dois golpes de machado, por ser muito mole; cuja madeira é muito branca, é a que se esfola a casca muito bem; e é tão leve, esta madeira, que trás um índio do mato às costas três paus destes de vinte e cinco palmos de comprido e de grossura da sua coxa, para fazer delas uma jangada para pescar no mar à linha; as quais árvores se não dão senão em terra muito boa". *Apeiba*, construção de *a-pé-iba*, significa "árvore de flutuar" e *tibourbou* semelhantemente *pau que flutua* ou *bubuia* (Pirajá da Silva, notas, a *Notícias do Brasil*, 2º, 70). O Pau de Jangada é exportado pelo Pará e por Alagoas, vindo do município de São Miguel dos Campos, considerado o melhor, *boeiro,* que bóia, e certas partidas paraenses são acusadas de *madeira alagada*. O professor Vasconcelos Sobrinho ("Ligeiras apreciações sobre o Pau de Jangada", Boletim da S. A. I. C. Recife, 1948) divulga a classificação seguinte: – Família das Tiliáceas. Gênero, Apeiba. Espécie, tibourbou. Nomes vulgares, Pau de Jangada, Pente de macaco, Embira Branca, Caracteres: – Estames numerosos, monadelfos. Flores hermafroditas. Árvores de folhas longo-pecioladas, estipuladas, oblongas, serreadas, tomentosas, de 20 X 11 centímetros mais ou menos. Flores em panículas opostas às folhas. Cápsula cariácea, larga como o Ovário com muitas lojas. Fruto, palma de uma mão, achatada, eriçada de pontas moles esverdeadas. Época de floração em Pernambuco, julho a agosto. Frutificação plena em outubro. Frutos maduros em dezembro. Madeira, branco pardacento, muito leve. Densidade, 0,18 a 0,26. Flutua facilmente. Para papel, comprimento das fibras 1,32. Diâmetro das fibras, 0,018. Hábitat, do México ao Estado de São Paulo.

O Pau de Jangada poderá contribuir largamente para a indústria da celulose, mesmo não tendo fibras do tipo ideal dará material básico para os tipos mais ordinários da pasta celulósica, justamente os de maior consumo. "Tendo em vista seu crescimento extraordinariamente rápido, sua grande facilidade de reprodução, pode facilmente constituir-se em matéria-prima suficientemente capaz de sustentar entre nós uma poderosa indústria celulósica."

PEDRAS MARCADAS. Cabeços ou pedras submersas que são pesqueiros, típicos e tradicionais, privativos de certos pescadores, sabidos apenas por um ou dois o caminho e a posição e segredo guardado religiosamente. O velho Silvestre, famoso pescador de jangada, trazia do mar o peixe que queria, conforme lhe fosse encomendado. Ia buscálo nas Pedras Marcadas cuja direção ninguém, exceto ele, conhecia a existência. Algumas Pedras Marcadas eram propriedades de uma família de pescadores e durante anos e anos exploradas unicamente por esta até que um acaso ou uma indiscrição revelara a situação geográfica da fartura misteriosa. A Pedra dos Pretos, 24 milhas ao norte de Jacumã, era pesqueiro sabido apenas por Pedro Costa que guardava sigilo total. Um menino levado na jangada, José da Cruz, aprendeu o caminho e levou pescadores amigos para a pedra marcada, acabando com o monopólio. Ainda existem muitas pedras marcadas sem que se saiba a direção. A maioria está descoberta e utilizada nas pescarias comuns, como Pedra dos Pretos, Cabeço de João Besta, Pedra dos Pinhões, Pedra do Dentão, Pedra da Arraia, Pedra do Pinhão do Mar, Pedra dos Meros, Cabeço dos Galos, Pedra do Toco, etc., com quinze braças de fundo e mais.

PEIA. É uma corda que prende a Tranca para que não desça para o Banco de vela. É amarrada pelo mastro.

PESQUEIROS. Zonas onde a determinadas distâncias de terra e profundidade há sempre pescado. Denominam-se, na relação crescente da lonjura e fundura, *Taci, Corubas, Carreira das Pedras, Razinho, Raso, Risca* e *Paredes*.

PINAMBABA. Entre os Espeques e o Banco de Governo está a Pinambaba, amarrada por trás dos espeques. É uma haste de madeira com três ou quatro ganchos. Cada pescador tem o seu e aí deixam as calas de linha de pescar. Na parte superior há um aro de ferro onde prendem os anzóis. Na extremidade desta haste há uma cabecinha onde se amarra um fio ao espeque, segurando-a. *Tapinambaba*.

POITA. Corda que prende a pedra de fundear a jangada, o Tauaçu. A extremidade da poita amarra-se ao tauaçu por um pedaço de corda cosida a este, o *chicote da poita*.

PROEIRO. Segunda pessoa da jangada. É quem puxa o peixe da linha de corso. Substitui o Mestre doente ou impossibilitado do comando. Fica a sua direita nos espeques e aí pesca. O pescado do Proeiro é marcado por uma ponta de cauda cortada.

QUIMANGA. Cabaça onde conduzem os alimentos para o mar, farinha, peixe e carne assada, banana, bolacha, rapadura, etc.

RASO. Quinto pesqueiro na distância e fundo dágua, 35 metros de profundidade e a 24 milhas do litoral. Pescam guaiúba, cerigado, garoupa, dentão, arabaiana, cioba, etc. Vezes o Raso é com terra assentada, escondida no horizonte.

RAZINHO. Quarto pesqueiro em distância e profundidade, 35 metros dágua, com 16 a 18 milhas da terra. Pescam garoupa, pirá, xirão. É lugar de pescaria no inverno quando cai o sudoeste à tarde, puxador, não facilitando o regresso. Ainda há terra à vista.

REMINHO DE MÃO. Nas jangadas do alto há o reminho de mão, metido nos cabrestos do Banco de vela. Serve para lavar a embarcação nas distâncias reduzidas. Fazem-no de sapucarana.

REMO DE GOVERNO. Feito de tábua de sapucarana, 35 a 40 centímetros de largura, três metros de folha e um metro de cabo. Na folha há uma polegada de espessura e polegada e meia no cabo. É o leme da jangada, preso à mão do Mestre e trabalhando nas "fêmeas" apoiado no Banco de Governo, passando entre o último "meio" e o primeiro "bordo". Aproximando-se da costa o Mestre tira o remo das "fêmeas" e vem com ele encostado na mimbura ou no calçador, procurando encalhar na praia. O movimento é quase totalmente na linha vertical, suspendendo ou mergulhando, fazendo a jangada orçar ou puxar de arribada, correndo para o norte.

RISCA. Sexto pesqueiro na relação de distância e fundo dágua. Tem a medida de 50 metros e mais de profundidade e fica a 30 milhas da costa. Pescam cangulo, guaiúba, dentão, cioba, garoupa, cerigado, arabaiana, guarajuba, etc. Há pedras submersas.

ROLOS. Duas toras do tronco de coqueiro que servem de deslizadores para a jangada cair nágua ou encalhar, na ida e volta da pescaria. Os rolos ficam na praia. Ver *Encalhar*.

SAGANÇA. Fio resistente a que está preso uma chumbada de quatro a cinco quilos, valendo fio de prumo, sonda para verificar a profundeza da água. O processo comum para identificar um pesqueiro é ir *saçangando*.

SALGADEIRA: grade de paus roliços, coberta de palha de coqueiros e arrimada em posição ligeiramente inclinada nos espeques, presa com amarrado de cordas. Fica em cima dos "bordos". Nas pescarias longas nas Paredes, de dormida, *tratam* do pescado, abrindo-o e retirando as vísceras, salgando-o e arrumando-o na salgadeira. É processo habitual durante as *safras,* pescarias de verão, de novembro a fevereiro. Nas pescarias comuns, de ir e vir, não há Salgadeira.

SAMBURÁ. Cesto de boca estreita onde o pescado é recolhido.

SERRADOR. Jangadinha para deitar a corda da rede de agulhas.

TACI. Pesqueiro ou zona de maior afluência de pescado. É a mais próxima de terra, quatro milhas, tendo 15 a 16 metros de fundo. Pescam ariocó, biquara, cangulo, peixe-pene, piraúna, sapurana, etc.

TAMANCA. Tábuas ou forros para agüentar as pernas do Espeque, Banco de Governo e Calçadores. Fazem-na de cajueiro, macio e resistente.

TAUAÇU. Pedra furada servindo de âncora nas jangadas. É preparado dentro d'água, com o "furador de tauaçu". Pelo orifício passa-se um pedaço de corda, amarrando-se bem e cosendo-se. Esta cordinha é o *chicote da Poita* que se prende a ele. Ver *Poita*. O tauaçu é mais usado nas pescarias do *alto* e a *Fateixa* nos fundos de areia pela costa.

TERRAL. Vento sueste, soprando de terra para o mar. É grande auxílio para a viagem de ida porque empurra para o largo. Chegou o terral! Vamos pro mar! Para a volta o terral não ajuda e sim dificulta. Por isso o versinho jangadeiro é verídico:

> Minha jangada de vela
> Que vento queres levar?
> – De dia, vento de terra,
> – De noite, vento do mar!

De dia o terral leva para a pescaria, mas o regresso será com o vento do mar, trazendo a jangada para a praia.

TOLETES. Dois pequenos tornos na proa, postos um na mimbura e outro no "bordo". Ficam a bombordo. Nos toletes amarra-se a Poita. Tolete da Poita.

TRANCA. Vara forte que mantém a vela aberta na parte inferior. Apóia-se no mastro pela extremidade em forma de forquilha, *mão da tranca.* Na outra ponta prende-se a Escota. *Retranca nas canoas.*

VELA. As jangadas usam uma única vela, triangular, latina, de algodãozinho. Os indígenas tupis chamavam-na "língua branca", *cu-tinga,* pela sugestão de sua forma. O almirante Alves Câmara encontrou em 1888 na Bahia, jangadas com duas velas e dois mastros; uma quadrangular, maior, e outra pequena e triangular (num mastro de mezena inclinado para vante e escorado ou amarrado no aracambuz (Espeques). O tamanho da vela é relativo à altura do mastro. Os Mestres põem o mastro no solo e riscam a futura vela, marcando o desenho com fios e cobrindo o espaço com faixas de pano que vai sendo cortado e cosido dentro das dimensões fixadas. O trabalho mais sério é *entalhar* ou *palombar* a vela. Consiste em cosê-la com fio encerado em cera de abelha, e que se chama *coberta*, enfiado na agulha de palombar, a uma corda de macambira, carrapixo ou cabo de manilha, de 3/4. A corda, que se denomina *Envergue*, sofreu um processo de prova, exposta 24 horas ao sol, esticada entre coqueiros e com um tauaçu pendente, para que não encolha, fazendo a vela ficar *sacuda,* com sacos, bolsos, diminuindo a superfície de exposição ao vento.

A vela fica cosida com pontos de duas polegadas de distância um do outro. Depois de *entralhada* é levada para *envergar* no mastro.

Dizem *testa* a parte superior da vela e o restante *corpo.* Os grandes Mestres de jangada de outrora governavam apenas olhando a vibração do vento na testa da vela. Os vértices são *guinda,* o superior, *punho,* o mais saliente, e *mura,* o inferior. No bordo da vela, reforçando-a contra o desfiamento, corre da guinda ao punho uma cordinha fina e resistente, a *baluma* ("valuma").

O serviço de *entralhar* ou *palombar* é confiado aos raros sabedores do ofício, dependendo a boa vela do trabalho impecável destes técnicos. O segredo da jangada corredeira está no entralho da vela.

XIMBELO. Paquetinho, jangada de cinco metros se tanto, com um metro de largura. Vai até as Curubas e com vento bom ao Razinho e mesmo à Carreira das Pedras. Tem os mesmos aviamentos de uma jangada comum mas não inspira muita confiança. Sinônimo de jangada inferior, velha, semi-imprestável. "Era jangada boa mas agora virou ximbelo."

Obras de Luís da Câmara Cascudo
Publicadas por Global Editora

Contos Tradicionais do Brasil
Mouros, Franceses e Judeus
Made in Africa
Superstição no Brasil
Antologia do Folclore Brasileiro — vol. 1
Antologia do Folclore Brasileiro — vol. 2
Dicionário do Folclore Brasileiro
Lendas Brasileiras
Geografia dos Mitos Brasileiros
Jangada
Rede de Dormir*
História da Alimentação no Brasil*
História dos Nossos Gestos*
Civilização e Cultura*
Literatura Oral*
Locuções Tradicionais no Brasil*
Vaqueiros e Cantadores*

Obras Infantis

Contos de Encantamento

A Princesa de Bambuluá
Couro de Piolho
Maria Gomes
O Marido da Mãe D'Água – A Princesa e o Gigante
O Papagaio Real*
Facécias*

Prelo